‘हौसलानामा’ उन लोगों को जरूर पढ़ना चाहिए जो जिंदगी में कुछ बड़ा करना चाहते हैं। इस किताब में सफलता के वो सारे मंत्र हैं, जो मैंने लेखक से सुने, सीखे और अपनी जिंदगी में आजमाए हैं।

—सुशांत सिंह राजपूत, प्रसिद्ध अभिनेता, मुंबई

बेबाक, प्रेरक, मनोरंजक। ‘हौसलानामा’ जैसी कृति भाषा को समृद्ध करती है।

—सोमा देव, चिंतक एवं विचारक, गुरुग्राम

अंग्रेजी पर लेखक की पकड़ जग-जाहिर थी। हिंदी इतने कमाल की लिखते हैं, अब जाकर पता चला। ‘हौसलानामा’ पढ़ने पर लगा कि सरकारी जिंदगी, जिसे हम घर-दफ्तर में सिमटा मान रहे थे, वाकई में कितनी विविध और सुंदर है।

—शत्रुजीत कपूर, पुलिस अधिकारी, चंडीगढ़

मुझे लगता है कि अप्रवासी भारतीयों को अपने बढ़ते बच्चों को यह किताब जरूर पढ़ानी चाहिए। पिछले पचास साल की जीवंत तस्वीर उनके सामने होगी।

‘हौसलानामा’ का आनंद लेने के लिए अगर हिंदी सीखनी भी पड़े, तो सीख लेनी चाहिए।

—डा. सुदर्शन कौशिक, चिकित्सक, लॉस ऐंजल्स, अमेरिका

लेखक को हिंदी का चार्ल्स डिकेंस कहें तो अतिशयोक्ति नहीं होगी। विपरीत परिस्थितियों को सहज हास्य का पुट देने में इनका कोई जवाब नहीं है।

—मल्लिका सिंह, लेखिका *Entitled Rebels,*
छात्रा, यूनिवर्सिटी ऑफ लंदन

'हौसलानामा' जैसी किताब आप पढ़ते नहीं, जीते हैं। चरित्र आपको जाने-पहचाने लगते हैं, घटनाएँ कहीं आसपास घटित होती-सी दिखती हैं। दिल खुश कर देनेवाली जीवंत पुस्तक।

—प्रवीण मलिक, आईटी प्रोफेशनल, बोस्टन, अमेरिका

'हौसलानामा' में जीवन का सार भी है और जीवन दर्शन भी। यह उन सबके लिए है, जो चुनौतियों का सामना आत्मविश्वास और सहजता से करना चाहते हैं।

—भव्या, छात्रा, बेंगलुरु

भाषा का प्रवाह और सौंदर्य अद्‌भुत है। ऐसी किताब जिसे आप शुरू करेंगे तो खत्म करके ही उठेंगे। प्रेरक विषय, शानदार अभिव्यक्ति।

—कीर्ति गोयल, साहित्यकार, हिसार

'हौसलानामा' उन लोगों को जरूर पढ़ना चाहिए जो जिंदगी में कुछ बड़ा करना चाहते हैं। इस किताब में सफलता के वो सारे मंत्र हैं जो मैंने लेखक से सुना, सीखा और अपनी जिंदगी में आजमाया है।

–सुशांत सिंह राजपूत, प्रसिद्ध अभिनेता, मुंबई

जुनून हो तो मुश्किलें कहाँ

ओम प्रकाश सिंह

First published in Hindi in 2018

इस पुस्तक के चरित्र और इसमें वर्णित घटनाएँ काल्पनिक हैं। उद्देश्य किसी का मजाक बनाना या मखौल उड़ाना नहीं है। बस जिंदगी जैसी है, उसे शब्द देने की कोशिश है।

ISBN 978-81-8328-525-4 (HB)
ISBN 978-81-8328-526-1 (PB)

Published by
Wisdom Tree
4779/23, Ansari Road
Darya Ganj, New Delhi-110 002
Ph.: 011-23247966/67/68
wisdomtreebooks@gmail.com

Printed in India

ये पुस्तक मैं अपने माता-पिता को समर्पित करता हूँ।
पहले ने कहा कि खुल के खेलो।
दूसरे ने कहा विकेट बचा के।
दोनों की सीख अलग-अलग परिस्थितियों में बड़े काम की साबित हुई।
ये उन सब बच्चे-युवाओं को भी समर्पित है
जो जिंदगी में कुछ बड़ा करना चाहते हैं।
भाग्यशाली हैं जो ऐसी चाहत रखते हैं।
जिंदगी में वही होता है जो हम दिल से चाहते हैं।

जिंदगी हौसलों की कहानी है।
यह हो तो सात समुंदर लाँघ सकते हैं।
दुर्गम-से-दुर्गम पहाड़ चढ़ सकते हैं।
अंतरिक्ष भेद सकते हैं।
आदमी के पास कुछ और हो-न-हो,
हौसला जरूर होना चाहिए।

विषय-सूची

प्रस्तावना

'हौसलानामा' व्यक्ति, समाज, परिवेश, समय या वर्ग विशेष की कहानी नहीं है। यह इन्सान की मूल प्रकृति और अपने आप को पाने की यात्रा है। इस यात्रा में पड़ाव हैं, सुस्ताने, सुलझाने के अवसर हैं। सभी के जीवन में कुछ अकल्पनीय हो, यह प्रायः संभव नहीं परंतु प्रत्येक जीवन एक अनूठी यात्रा अवश्य है। जीवन के उतार-चढ़ाव, दुख-सुख व आशा-निराशा का खेल जीवनकाल में निपट जाए, यह संभावना कम ही है। जो इसके परे चला गया वह निश्चित ही परम ज्ञानी, आत्म-संतोषी जीव है। ऐसे व्यक्ति समाज में कम ही हैं। ज्यादातर तो हम लोगों जैसे हैं, जो जीवनपर्यंत इस जद्दोजहद में लगे रहते हैं कि इस मानव जन्म से हम क्या पा सकते हैं। मृत्यु निश्चित होते हुए भी जब तक आ न जाए, अनिश्चित ही है। मानव प्रवृति स्वयं से परे देख पाए, इसी पर विवेचना करते जीवन शेष हो जाता है। हम सभी की जीवन यात्रा एक नहीं परंतु एक-सी है। साहित्य इस बात का साक्षी है क्योंकि यदि यह सत्य न होता तो कोई किसी का लिखा रुचिपूर्वक नहीं पढ़ता। हालाँकि हर व्यक्ति लेखक नहीं हो सकता, पर अच्छे लेखन से जुड़ जाना हम सबकी प्रवृति है। पाठक 'हौसलानामा' के अनेक अध्यायों में स्वयं को पाएँगे।

श्री ओम प्रकाश सिंह, जिन्हें हम सब प्रेमपूर्वक ओ.पी. कहते आए हैं, स्वयं प्रतिदिन एक नए इन्सान हैं। लगभग छब्बीस साल से इन से जान-पहचान है। यों कह सकते हैं कि तकनीकी प्रगति के चलते विचार-विमर्श के अवसर बढ़ गए और हम मित्रों को वे अपनी जीवन यात्रा के अनुभवों व आयामों से

अवगत कराते रहे। कहीं-न-कहीं दबे पाँव ईर्ष्या का आभास भी करा गए कि जीवन और अधिक उल्लास से जीया जा सकता है। उनकी सोच सदैव सकारात्मक रही है। निराशा जैसे शब्द का उन्होंने अपने जीवन या लेखन में शायद ही कभी प्रयोग किया हो। जहाँ जाते हैं या जो भी काम आरंभ करते हैं उसे ऊर्जा से परिपूर्ण कर देते हैं। विशेषतया यदि वह कार्य समाज में लोगों को आपस में जोड़ने का हो। पुलिस-सेवा, स्पोर्टस-प्रमोशन, लेखन, यह सभी उनकी श्रेष्ठ कार्य शैली के विभिन्न आयाम हैं। उनकी तुलना उस दक्ष पतंगबाज से की जा सकती है, जो अपने हुनर में तो माहिर है ही पर उसके व्यक्तित्व की विशेषता यह है कि वह कठिन परिस्थिति में भी हर्ष और हौसले से पतंग उड़ाता रहता है। ओ.पी. न केवल उल्लास से जीवन में पतंग उड़ाते हैं, बल्कि एक-आधी कट भी जाए तो उतने ही उत्साह से माँझा तानकर एक नई पतंग हवाओं को समर्पित कर देते हैं।

जीवन में उड़ायी गई अनगिनत पतंगों में ओ.पी. का लेखन भी हवा में झूमती हुई, नई दिशाओं को टटोलती हुई सुंदर, रंगदार पतंग है। उनके लेखन की विशेषता यह है कि वे सरल भाव से जीवन की उपलब्धियों को बताते हुए अपने संघर्ष और निराशाओं पर हँसने की क्षमता रखते हैं। उनकी यह लेखन शैली पाठक को एक रिश्ते में बाँध लेती है। हिंदी लेखन वैसे भी हम हिंदी भाषी लोगों को विशेष प्रिय है क्योंकि शब्दों से आत्मीयता अनुभव होती है। ओ.पी. के बुने शब्दों के ताने-बाने में माँ के आँचल का स्पर्श, मिट्टी की सोंधी खुशबू और सामाजिक रिश्तों से बँधे रहने का स्नेहमय भाव है। उनकी भाषा जीवन के गूढ़ ज्ञान को हास्यमय और आनंदमय वातावरण में अपनी जीवन यात्रा के संदर्भ में मीठी रेवड़ी की तरह बाँटती है। यह आपबीती कथा नहीं है, न ही यह 'जीवन-ज्ञान' शैली में लिखी हुई पुस्तक है। उनकी जीवन यात्रा के संस्मरण अपने आप को पाने और अपने से आगे चले जाने की लालसा का विवरण हैं। उनकी कहानी में पाठक स्वयं को ढूँढ़ निकालेगा ऐसा मेरा विश्वास है।

'हौसलानामा' समर्पित है प्रत्येक उस व्यक्ति को जिसने कोलंबस की भाँति इस ग्रह पर अपनी यात्रा में कुछ पाने की लालसा में बहुत कुछ खोज निकाला। हम सब उस पीढ़ी के प्रतिनिधि हैं जब साधन कम, विश्वास और

हौसला ज्यादा होता था। पीछे मुड़कर देखें तो जीवन साधन की नहीं, हौसले की जीत है। यही हौसला, यही विश्वास पीढ़ी-दर-पीढ़ी इन्सान को नई यात्राओं के लिए प्रेरित करता है। उपलब्धियाँ तो सामाजिक मील का पत्थर हैं। अपने-अपने हिसाब से ये मील के पत्थर सभी पीछे छोड़ आएँगे। सवाल यह है कि हमने अपना समय इनको देखते-गिनते बिताया या फिर ओ.पी. की यात्रा की भाँति नए रास्ते तलाशने में? इस लेखन के प्रत्येक पन्ने पर पाठक इस जीवन दर्शन को अपने सामने अति मनोरंजक परंतु हृदय को छू लेने वाले शब्दों के ताने-बाने में पाएँगे।

ओ.पी. के लिए मनोकामना है कि वे निरंतर जीवन की लहरों से अठखेलियाँ करते रहें। जिस भाव से वे जीवन जीते हैं, मुझे विश्वास है कि वे किनारा नहीं ढूँढ़ रहे, केवल लहरों से कश्ती टकराकर आनंदमय हो रहे हैं।

—सपना तिवारी, आईपीएस

प्राक्कथन

मेरा मानना है कि हर किसी को अपना देखा-सुना लिखना चाहिए।

हर अनुभव अपने में अद्वितीय होता है। यह एक विरासत है जिसे अगर कलमबद्ध न किया जाए तो आदमी के साथ ही खत्म हो जाती है। यह सबकी अपने समकालीन और आनेवाली पीढ़ियों के प्रति एक तरह से जिम्मेवारी है। एक तो समय की महक बनी रहेगी। दूसरा, पढ़ने-सुनने वाले लोग पुरानी गलतियाँ दोबारा करने से बच जाएँगे।

लेखन उतना कठिन भी नहीं है। जितनी बातें हम एक पखवाड़े में कहते-सुनते हैं अगर उसी का ट्रॉन्स्क्रिप्ट छाप दें तो एक शुद्ध साहित्य तैयार मिलेगा। ई-बुक, इंटरनेट और स्व-प्रकाशन के युग में तो इस काम में कोई अड़चन ही नहीं है।

'हौसलानामा' मेरे जहन में कई साल से था। चाहता था कि लोगों को बताऊँ कि विपरीत परिस्थितियों से खुशी-खुशी जूझा जा सकता है, उबरा जा सकता है, सफलता हासिल की जा सकती है, प्रसन्नचित रहा जा सकता है। यह कोई जादू नहीं है। बस हौसला बनाए रखने और अपने अखाड़े को पहचानकर उसमें भिड़े रहने की जरूरत है। दुनिया इतनी बड़ी है और लोग इतने ज्यादा हैं कि पता नहीं इनको क्या-क्या चाहिए और इनको क्या कुछ बेचा जा सकता है। जो हुनर जँचता हो उसी में समय और ध्यान लगाएँ, महारत हासिल करें। बाजार पीछे-पीछे घूमेगा। पैसे बरसेंगे।

वैसे यह समझ लेना चाहिए कि सफलता जरूरी है लेकिन काफी नहीं। ये स्वतः खुशी नहीं देती। जिंदगी के प्रति नजरिया भी ठोस होना चाहिए। यह सोच कि हम अंतरिक्ष यात्री हैं, एक दिन सब-कुछ छोड़कर चले जाएँगे, हमें कई झंझटों से बचाए रखती है। यह भी समझ लेना जरूरी है कि जब तक जीवन है, हार-जीत लगी रहेगी। इसे आने-जाने देना चाहिए। एक तो भाग्य करवटें लेता रहता है। दूसरे, अगर हम ही हमेशा जीतेंगे तो हमारे साथ खेलेगा कौन? बताने की जरूरत नहीं कि दिमाग पर चढ़ी जीत और दिल पर ली गई हार बड़ा नुकसान करती है।

एक अर्थपूर्ण जिंदगी हौसले, हुनर और सकारात्मक नजरिए की एक खिचड़ी है। इसे कोई भी पका सकता है।

भाव 'जैसा देखा, वैसा लिखा' का है। लेखन शैली साहित्य की किसी विशेष विधा से बँधी नहीं है। ध्यान इस बात पर है कि पुस्तक पढ़ने में रुचिकर, उपयोगी और आनंददायी हो।

इस किताब को लिखने में प्रत्यक्ष और परोक्ष रूप से अनगिनत लोगों का योगदान है। परिवार से शुरू करें तो दिवंगत माँ का क्या धन्यवाद करना। मुझमें ही रहती हैं। पत्नी रानी ने यह कहकर हौसला दिया कि अगर मैंने सुन लिया तो यह सचमुच ही पढ़ने लायक होगा। बेटी मल्लिका, जो स्वयं मुझसे सौ गुना अच्छा लिखती है, का यह कहना अभिभूत कर गया कि मैं चार्ल्स डिकेंस की तरह विपरीत परिस्थितियों के बारे में विनोदपूर्वक लिख सकता हूँ। बेटे राज ने धक्का दिए रखा कि जो मुझे कहते रहते हो, औरों को भी भुगताओ। साला सुशांत, जो अब बड़ा एक्टर बन गया है, भी लगा रहा कि भाई लिखो। क्या पता मेरी अगली फिल्म के लिए कोई मौलिक कहानी निकल आए। पिता हड़काते रहे कि खबरदार मेरे बारे में कुछ उलटा-पुलटा लिखा। भाई राम बालक सिंह और मित्र प्रियरंजन सिंह का विशेष धन्यवाद। दोनों के साथ वर्षों से मेरे संबंध रहे हैं। पत्नी की बहनों–मित्तु, प्रियंका और श्वेता–का जिक्र नहीं किया तो तीनों मेरा जीना दूभर कर देंगी।

उन सबका हृदय से आभार जिनसे इस पुस्तक के चरित्र प्रेरित हैं। हास्य-विनोद को इस तरह से ही लेंगे, ऐसा मेरा विश्वास है।

आईपीएस एक संयुक्त परिवार की तरह है। मैंने इस किताब को लिखने के क्रम में सैकड़ों साथी अधिकारियों को इसे लगभग जबरदस्ती पढ़वाया। मनीष अग्रवाल, जो अब फ्लोरिडा यूनिवर्सिटी में प्रोफेसर बन गया है, चकित था कि इसे आइफोन के कीबोर्ड पर कैसे लिखा जा सकता है। सपना तिवारी एक कोच की तरह लगी रही। अजय सिंघल, संजय सिंह, पवन श्रीवास्तव, सिद्धिनाथ गुप्ता, जनार्दन गुमपाला, अँजनेलु, अमरेन्द्र अंबेडकर, अतुल वर्मा, हरमीत सिंह, समीउल्ला अंसारी, नलिन प्रभात, राहुल शर्मा, संदीप राय राठौर, अरुण देव गौतम, रश्मि रंजन स्वान, सीवी आनंद और अन्य वाह-वाह कर आगे धकेलते रहे। प्रभात रंजन और सोमा देव, जो प्यार से मुझे अपने बुढ़ापे की लाठी बताते हैं, चेताते रहे कि कोई उच्चारण या व्याकरण की गलती नहीं रहनी चाहिए। आईपीएस एसोसिएशन के महासचिव आशीष गुप्ता का भी आभारी हूँ। उनके सोशल मीडिया वाले वट'स एप ग्रूप पर अध्याय पर अध्याय भेजकर सबको तंग करता रहा। राजेश कुमार, अभिनव कुमार, अकुन सभरवाल, रमा राजेश्वरी, सचिन शर्मा इत्यादि ने उत्साह बढ़ाए रखा। उनका कोटि-कोटि धन्यवाद।

विवेक आत्रेय, डॉ. सुदर्शन शर्मा, वी.के. सिंह, प्रवीण मलिक, कीर्ति गोयल, संजय अरोड़ा का भी थपकी दिए रहने के लिए धन्यवाद।

मुझपर विश्वास बनाए रखने एवं पुस्तक को मूर्त रूप देने के लिए प्रकाशक शोभित आर्य और उनकी टीम का आभारी हूँ। दोनों कठिन काम हैं।

1 | जीवन एक अंतरिक्ष यात्रा

जीवन के मूल प्रश्नों के उत्तर किससे पूछें? विश्वास अहम के आगे कमजोर पड़ता है। तर्क भय के आगे टिकता नहीं।

देर-सवेर सबके मन में यह सवाल उठता है—हम कहाँ से आए हैं, यहाँ क्या करना है और जाएँगे कहाँ?

इस विषय पर ज्ञान बाँटने वालों की रेलम-पेल मची हुई है। धर्म के ठेकेदार भगवान की डीलरशिप खोले बैठे हैं। लोगों को बहकाने के लिए अंतरिक्ष में देवलोक, स्वर्ग, नरक जैसे खयाली ठिकाने बना रखे हैं। सबको डराने में लगे हैं कि हमारे हिसाब से नहीं चले तो यहाँ तो फँसे रहोगे ही, मरने के बाद भी नरक ही जाओगे। ईश्वर कृपा सिर्फ मेरी दुकान से, मेरे ब्रांड की और मेरे जरिए ही खरीदो।

मुझे ईश्वरीय सत्ता से कोई इनकार नहीं है। जब अमेरिका जैसा बाहुबली देश डॉलर जैसे महँगे नोट पर मोटे-मोटे अक्षर में लिखता है 'इन गॉड वी ट्रस्ट', तो मेरी क्या बिसात! उलटे खुश हूँ कि अगर इधर मेरी नहीं तो बड़ों-बड़ों की भी नहीं चल रही है।

वैसे, लंबा लेटना हमारे स्वभाव में है। पानी नाक के आस-पास पहुँचा नहीं कि बाप-बाप करने लगते हैं। लेकिन किसी आदमी के सामने ऐसा

करना खतरे से खाली नहीं। एक तो वो कुछ करेगा नहीं। उलटे चार और को बताएगा कि ये तो गया काम से। अगर गफलत में कुछ कर भी देगा तो जिद करेगा कि पूरी उमर उसके एहसान के मलबे के नीचे दबे रहो। भगवान के साथ ऐसी कोई बात नहीं है। जी-भरकर माँगो, गिड़गिड़ाओ, हाथ-पैर जोड़ो। अगर ऐसा करते किसी ने देख भी लिया तो परमभक्त ही कहलाओगे। फिर देर-सवेर कुछ-न-कुछ दे ही देगा। उसको भी अपनी दुकान चलानी है। कोई कुछ भी कहे, उसकी किसी से कोई बोलचाल नहीं है। किसी को बताएगा तो बिलकुल नहीं।

मेरा मानना है कि अगर भगवान नहीं भी है तो उसकी ईजाद कर लेनी चाहिए। जिंदगी आसान हो जाती है। मूल प्रश्नों के मनघड़ंत ही सही, कोई जवाब तो मिल जाते हैं। नहीं तो इस छोरहीन ब्रह्मांड में दौड़ते-हाँफते, लट्टू की तरह नाचते पृथ्वी ग्रह के ऊपर टिके रहने का भाव बनाए रखना बड़ा मुश्किल काम है। फिर बेचारा भगवान बदले में माँगता ही क्या है? एक लड्डू चढ़ाते हैं। इसे भी प्रसाद बताकर खुद ही गटक जाते हैं।

ज्ञानी दिखने के लिए लंबी दाढ़ी का होना जरूरी है। अगर सफेद हो तो क्या कहना! यह दिखाने के काम आता है कि ज्ञान बटोरने-बाँटने में इतनी देर, इतने ज्यादा व्यस्त थे कि हजामत बनाने की फुर्सत भी न मिली। ऊपर से पावर का चश्मा चढ़ा हो तो बचा-खुचा संदेह भी जाता रहता है। ऐसे ही एक बाबा टाइप जीवशास्त्री हुए चार्ल्स डारविन। औघड़ जैसे दिखते थे। खोपड़ियों से खेलने का शौक था। उसी को देख-दाख, जोड़-जाड़कर एक सिद्धांत दे मारा कि आदमी बंदर से निकला है। बंदर किसी और जीव से और वो जीव किसी और जीव से। इसी तरह खगोलशास्त्रियों ने दुनिया के बारे में भी कुछ ऐसा ही उछाल दिया कि एक बड़ा धमाका हुआ और ये सारा बवाल उसी से निकला है।

कुछ देर के लिए तो यह लगा कि मुल्ले-पादरी-पंडित की दुकानें बस बंद होने ही वाली हैं। लेकिन लालचियों के शहर में ठग कब भूखे मरते हैं? सो, बस बाजार बड़ा हो गया। इन्हीं के अगल-बगल डारविन, आइंस्टाइन, बोस जैसे बिना सबूत के बाप की भी न मानने वाले विज्ञान-धर्मियों ने भी

अपनी स्टॉलें लगा लीं। जिसको जैसा चाहिए, वैसा ले जाओ की व्यवस्था जम गई।

कमाल की बात है कि दोनों की दुकानें धड़ल्ले से चल रही हैं। आदमी को बंदर और ईश्वर की संतान बताने वाले अगल-बगल ही जमे हुए हैं। अगर सब कुछ कंट्रोल में हो तो लोग डारविन के स्टॉल पर अहम की चुस्की लेते मिलेंगे। मामला थोड़ा भी सरका नहीं कि सुविधानुसार मुल्ले-पंडित-पादरी की दुकान की ओर दौड़ पड़ते हैं। इससे एक बात छनकर आती है कि असली भगवान तो खुदगर्जी है। अगर पानी सिर के ऊपर हो तो गधे को बाप बना लें। अगर माल-पानी नहीं हो तो बाप को भी गधा बना दें।

बड़े हो जाने के कई पंगे हैं। एक यह भी कि जीवन सार की खरीदारी कहाँ से करें। तीन मूल प्रश्नों के उत्तर किससे पूछें। विश्वास अहम के आगे कमजोर पड़ता रहता है। तर्क भय के आगे टिकता नहीं। अगर दोनों का घाल-मेल करो तो संशय बना रहता है। न इधर के रहे न उधर के। सवाल है कि ऐसे में क्या करने से मन टिकेगा? एक रास्ता यह है कि जब सारे कहानी ही सुना रहे हैं तो हमें भी एक अपनी गढ़ लेनी चाहिए। ऐसी कहानी, जिसके ऊपर हम सहज विश्वास कर सकें और दुनियादारी भी चलती रहे। उदाहरण के लिए 'हम कहाँ से आए हैं' का सवाल 'हमें किसने इधर भेजा है' की तरह पूछ कर देखें। 'वापस कहाँ जाना है' का तो पंगा ही खत्म। इसी तरह 'इधर क्या करने आए हैं' को घुमाकर पूछें 'इधर भेजा ही क्यों है'।

विश्वास की डोरी से लटकने या तर्क के मकड़जाल में फँसने से कहीं अच्छा है कि जीवन-मरण के बारे में एक अपनी मान्यता बना ली जाए। आखिर हमें इतनी बुद्धि भाड़ झोंकने के लिए थोड़े न मिली है!

होश सँभाला तो मैंने पहला काम यही किया।

2 | महापुरुषार्थ

गरीबों पर तरस सोच-समझकर खाइए और
अमीरों से ईर्ष्या देखभाल कर करिए।

लोग भी अजीब हैं।

उछल-उछल कर जन्मदिन मनाते हैं। पता नहीं किसने यह रिवाज शुरू किया। जैसे कि पैदा होकर कोई बड़ा तीर मार लिया हो। मानो गंगा हैं। भगीरथ प्रयास से उतरे हैं। धरती का सूखा खत्म कर दिया। मूर्खों को ज्ञान, भूखों को भोजन और बेरोजगारों को काम मिल गया। आलसी चुस्त हो गए। बीमार दुरुस्त हो गए।

जितना बड़ा नाम, जितना ज्यादा पैसा, जितना अधिक बल, जन्मदिन के नाम पर नौटंकी भी उतनी ही बड़ी होती है। असल में एक आदमी की औकात का एक बैरोमीटर यह भी है कि उसके महावतरण के दिन उसके घर के आगे कितनी ज्यादा और कितनी संख्या में लंबी-लंबी गाड़ियाँ खड़ी मिलती हैं। उनसे कितने मतलबपरस्त महँगे उपहार सहित लुढ़कते निकलते हैं। वैसे इस भक्त समागम का स्वभाव पहाड़ों के मौसम की तरह है—अभी खिली धूप, अभी झमाझम बारिश। जब तक आप कुछ लुटाने की स्थिति में हैं, लालचियों की भीड़ उमड़ती रहेगी। इनको सँभालने के लिए लाठी भाँजती

पुलिस बुलानी पड़ेगी। ये फटाफट तरक्की-पसंद लोग हैं जो यह सोचते हैं कि दूध में थोड़ा-सा जोरण डाल आते हैं। बाद में मलाई काटेंगे। जैसे ही दिन ढलता है, जो कि एक-न-एक दिन होना ही है, ये भीड़ ऐसे गायब होती है जैसे कि गधे के सिर से सींग। ये अब कोई और दरवाजा तोड़ रहे होते हैं। कहीं और निष्ठा की कसमें खा रहे होते हैं।

एक बिलकुल निराली किस्म महापुरुषों की है। मैं इनके जज्बे को सलाम करता हूँ। धरती से उठ जाने के सैकड़ों साल बाद भी यहाँ का ठेका लिए फिरते हैं। इनकी जिद होती है कि मर जाने के बाद भी लोगों का भला करते ही रहेंगे। सरकार भी लोगों की भावनाओं का आदर करते हुए इनके जन्मदिन पर हर साल दफ्तरों में छुट्टी कर देती है। निट्ठल्ले अपना कैलेंडर इसी हिसाब से सेट करते हैं कि एक-दो दिन की छुट्टी आगे पीछे जोड़कर लंबा आराम फरमाया जाए। मेहनती लोग, जिन्हें पता है कि काम आज या कल उन्हीं को करना है, चिढ़ जाते हैं कि अभी तो थोड़ा आगे सरका था कि यह धचका आ गया। एक अवैज्ञानिक शोध के अनुसार सरकार में बीस प्रतिशत लोग अस्सी प्रतिशत काम करते हैं। बाकी अस्सी प्रतिशत उसे खराब करने में लगे होते हैं। इस तरह के करिश्माई लोग इन महापुरुषों का दिल खोलकर साधुवाद करते हैं। काम की तो छोड़िए, दफ्तर जाने से भी छुट्टी! एक दिन और लोगों के खर्चे पर मुँह ढक कर देर तक सोने का सुख। धन्य हैं महापुरुष!

यह स्थिति तब है जब कि यह बहस खत्म नहीं हुई है कि आदमी इतिहास बनाता है या इतिहास आदमी को।

हमारे यहाँ ज्यादातर महान लोग खाते-पीते घरों में पैदा हुए हैं। और कहीं हो भी नहीं सकते। गरीबों को यह कतई पसंद नहीं कि उनमें से कोई अपनी औकात से फालतू मार करे। अमीरों को तो यह बिलकुल बर्दाश्त नहीं कि उनकी पंगत में कोई हालिया फटेहाल बैठे और उनके हाई सोसायटी के महीन रिवाजों को तार-तार कर दे। कोई सयाना गरीब अगर चतुराई से घुस भी जाता है, तो मौके की नजाकत को भाँपते हुए फट पाला बदल लेता है। सोहबत, रंग-ढंग अमीरों का कर लेता है। रहन-सहन हाई-फाई हो जाता है। गरीब संगी-साथी पीछे छूट जाते हैं।

लोगों को यह बड़ा भारी-भरकम भ्रम है कि अगर ताकत, पैसा या प्रसिद्धि में से कोई एक भी पकड़ में आ जाए तो बाकी दो तो वो अपने आप खींच लेंगे। तत्पश्चात चिरकाल तक आनंद को प्राप्त होंगे।

उनकी सोच गलत नहीं है।

ताकत धमकाने और गरियाने का औजार है। किसी से कुछ भी उगाह लो। प्रसिद्धि मिली तो उत्पादकों से पैसे लेकर लोगों को बहका दो कि बेकार चीजें बड़े काम की हैं। जरूरत हो न हो बस खरीद लो। लोग अंधे होकर सालों-साल हीरोइन और हीरोइन जैसे दिखने वाले हीरो के कहने पर गोरा होने का साबुन खरीद रहे हैं। यह मार्केटिंग है, प्रचार है, जायज है। कोई गरीब अगर मुल्तानी मिट्टी को लेकर ऐसा दावा करे तो पहला हवलदार जो उससे टकराएगा या तो मंथली बाँध देगा या इसे ठगी बतलाकर उसे अंदर कर देगा।

पैसे की बात करना तो सूरज को दीया दिखाने जैसा है। जब भगवान ने दुनिया और आदमी को बनाया तो यह सोचा भी न होगा कि ये एक ऐसी चीज की ईजाद कर लेगा जो उसपर भी भारी पड़ेगी। हर कोई पैसे के पीछे और जिसके पास यह है उसके पीछे भाग रहा है। सबको इसकी ताकत पर अटूट विश्वास है। यह कुरूपों को अप्सरा दिला सकती है। गूँगे को बातूनी, मूर्ख को ज्ञानी और टुच्चों को श्रद्धेय बना सकती है। सारे पाप पल भर में धो सकती है। बस इसे कमाने की जरा-सी अक्ल और खर्च करने का बड़ा-सा दिल होना चाहिए।

जिस किसी ने इसे पकड़ने और छोड़ने में देर कर दी, उसका बँटाधार हुआ समझो।

इसकी ताकत का एक नजारा तब देखने को मिला जब एक बदमिजाज, बुढ़ऊ एक्टर जिसने आधे दर्जन गरीबों पर शराब पीकर अपनी महँगी विदेशी जीप चढ़ा दी थी, साफ बच निकला। वट'स एप पर चल पड़ा कि इतना मालदार होने के बाद भी अगर उसे जेल हो जाती तो लोगों का पैसों पर से विश्वास उठ जाता।

बाबाओं की फौज ने साबित कर दिया है कि गरीबी भी अरबों-खरबों

में बेची जा सकती है। बस बात को थोड़ा घुमाने की जरूरत है। गरीब यह कहता है कि कोई दे दो, मेरे पास कुछ नहीं है। बदले में लात, जूते, घूँसे, अपमान या अधिक-से-अधिक दिलासा मिलता है। एक चतुर गरीब स्वाँग रचता है कि उसे कुछ चाहिए ही नहीं क्योंकि वो तो एक फकीर है। उसके लिए धन-दौलत तुच्छ है, माया है। अनुभवी लोभी झटपट समझ जाते हैं कि एक नया टकसाल खुल गया है, चले-चलो। देखते-ही-देखते आश्रम सज जाता है। ज्ञान की गंगोत्री बह निकलती है। दुखियारे दौड़ पड़ते हैं। इलाज, औलाद, शादी, मुक्ति सब मुफ्त। वही व्यापार चक्र चल पड़ता है।

ठग के इर्द-गिर्द लालचियों का शहर बस जाता है। देखते-देखते उसका वर्चस्व स्थापित हो जाता है। उससे कोई सवाल-जवाब करना साक्षात ईश्वर का अपमान बना दिया जाता है। अपना बोझ स्वयं उठाने से डरते भीरू लोग गुलामी की जंजीरों में सुकून तलाशते हैं। सियासतदानों को एकमुश्त वोट का डीलर मिल जाता है। सब एक-दूसरे के काम आने लगते हैं। कानून कोने में बैठ आँसू पोंछने लगता है। सभ्यता टाइम मशीन में सैकड़ों साल पीछे चली जाती है।

लब्बो-लुआब यह है कि गरीबों पर तरस सोच-समझकर खाइए और अमीरों से ईर्ष्या देखभाल कर करिए। दोनों का कोई भरोसा नहीं कब खेल कर जाएँ।

3 | आजादी की लड़ाई

स्कूल दिमाग खोलने की जगह होनी चाहिए।
रटने-रटवाने का अड्डा नही।

सन् 1971 में दो बड़ी घटनाएँ हुईं। दोनों के दूरगामी परिणाम हुए। पाकिस्तान की रोज की खिच-खिच से तंग आकर इंदिरा गांधी ने बांग्लादेश बना डाला। मेरी उछल-कूद से आजिज आकर मेरी माँ ने मेरा दाखिला गाँव के स्कूल में करा दिया।

स्कूल का नाम कन्या प्राथमिक विद्यालय था लेकिन दस में नौ पढ़ने वाले लड़के थे। हेडमास्टरनी, जिसे सब दीदीजी कहते थे, गाँव की ही थी। घरवाला असमय चल बसा था। किसी तरह मास्टरनी भर्ती हो गई। समय कुछ और बीता तो हेडमास्टरनी लग गई। जुगाड़ भिड़ाकर अपने गाँव के स्कूल में ही अपनी पोस्टिंग करवा ली। दिल की अच्छी थी। पढ़ने-पढ़ाने में हाथ तंग था। लेकिन जो कर सकती थी दिल लगाकर करती थी। मजाल था कोई स्कूल न आए। घर से खींच लाती थी।

चूँकि गाँव की ही थी इसलिए पता था कि मेरी उम्र अभी स्कूल जाने की नहीं है। समय पुराना था लेकिन व्यवस्था सटीक थी। पाँच साल के होने पर ही पहली क्लास में सीधा दाखिला मिलता था। एलकेजी, यूकेजी और

नर्सरी जैसी बीमारी ने जोर नहीं पकड़ा था। उतने दिन हम अपने मन की करने के लिए आजाद थे। ज्यादा-से-ज्यादा, चार साल के होते-होते वसंत पंचमी के दिन खल्ली धराने की रस्म अदायगी हो जाती थी। चाक से पक्के फर्श पर कुछ लिखकर ज्ञानार्जन का महासंग्राम शुरू माना जाता था।

उम्र कम होने की बात पर मेरी माँ अड़ गई। बोली इसका दाखिला तो ले ही लो। उम्र जो चाहे लिख दो। दीदीजी को डर रहता था कि लड़के कम पड़ गए तो कहीं स्कूल ही न टूट जाए। एक बार घर बैठे सरकारी नौकरी का सुख भोगने के बाद कहीं और जाना कष्टकारी था। बच्चों के ज्यादा होने पर कोई समस्या नहीं थी। खुले में जमीन पर ही बैठते थे। बोरी घर से साथ लाते थे। पढ़ने के नाम पर खुद ही रटते रहते थे। बांग्लादेश की लड़ाई में पाकिस्तान को अपना पूर्वी हिस्सा गँवाना पड़ा था। दाखिले के लिए मुझे भी अपनी उम्र से दो साल बड़ा होना पड़ा। दीदीजी ने एक रजिस्टर में नाम लिख लिया। बोली कल से भेज दो।

उस साल बांग्लादेश को आजादी मिल गई। मेरी छिन गई।

मुझे स्कूल पहुँचाना कोई आसान काम न था। पहले तो समय होते ही कमरे में बंद हो जाता। भाई लोग किसी तरह किवाड़ खुलवाकर कंधे पर लादकर स्कूल की तरफ चलते। मेरा हाथ-पैर मारना, रोना-धोना साथ-साथ चलता। मेरा कहना था कि मुझे इन मास्टरों से नहीं पढ़ना। इनको पढ़ाना आता ही नहीं। मेरा कहना गैर-वाजिब नहीं था। दीदीजी दूसरी मास्टरनी से भिड़ी रहती थी। इससे फुर्सत मिल जाए तो खाना बनाने के लिए पास ही अपने घर में चली जाती थी। रसोई का दरवाजा स्कूल की तरफ खुलता था। दाल घांटते हुए वह क्लास पर भी नजर रखती। बच्चे और जोर से पढ़ने-रटने का स्वाँग करते। कई बार सुस्त दिखने वालों की दलघटनी से ही धुनाई कर चुकी थी। इस डर से सारे जोर-जोर से चिल्लाते और आगे-पीछे झूलते रहते। दूसरी वाली मास्टरनी युद्धविराम होते ही स्वेटर बुनने बैठ जाती। तीसरा मास्टर गणित का था जो पहली क्लास को पढ़ाता ही नहीं था। कारण? तीसरी क्लास से पहले गणित पढ़ाई ही नहीं जाती थी।

समय के साथ मेरे तेवर ढीले पड़े। घर में भाइयों को देख-देखकर

जोड़ना-पढ़ना-लिखना सीख रखा था। मेरी बगावत स्कूल के बँधे माहौल से थी। मेरी माँ के कहने पर गणित के मास्टर ने मुझे एक-दो हिसाब बनाने को दिया। मैंने झटपट बना दिया। मेरी लिखावट भी उन्हें भायी। फिर क्या था। विधिवत घोषणा हो गई कि मैं पढ़ने में बहुत तेज हूँ। बड़ा आदमीं बनूँगा। मैंने भी इसे बड़ी गंभीरता से लिया। पूरी उम्र कोई और बात दिमाग में घुसने न दी।

स्कूल का अलिखित नियम था कि रिश्तेदारों को पूरी तवज्जो दी जाएगी। हेडमास्टर का बेटा, बेटी या नजदीकी रिश्तेदार क्लास में फर्स्ट आएगा, क्लास टीचर का सेकंड और अन्य मास्टर का थर्ड। बाकी को उसके बाद ही जगह मिलेगी। इस बात का कोई विरोध नहीं था। लोग मानते कि मास्टर का इतना हक तो बनता ही है। मेरी किस्मत अब तक ठीक थी। इस तरह के आरक्षण के लिए कोई मास्टर कोटे से नहीं था। अलबत्ता, मुझे क्लास में फर्स्ट आने में कोई अड़चन नहीं आई। इस तरह के शुरुआती टोटके से लोगों को मेरे बारे में राय बनाने-फैलाने का आधार मिल गया था। मेरी भी अपने बारे में सोच बनने लगी।

कोई चेकिंग अफसर होता था जिसे सब डिप्टी साहब कहते थे। स्कूल में उसका अच्छा-खासा आतंक था। हमने कभी इस प्राणी को नहीं देखा। बस जैसे ही सुरसुराहट होती थी कि वो आ गए, सारे खिड़की के रास्ते कूदकर भाग लेते थे। सुनते थे कि दीदीजी को जवाब देना मुश्किल होता था कि स्कूल में क्लास क्यों नहीं लगी। उन्हें दो-चार बस्तों के सहारे समझाया जाता कि बच्चे डर के भाग गए हैं। ऐसा अकसर होता था, लेकिन इसे कभी ठीक करने की कोशिश नहीं हुई। डिप्टी के जाते ही मास्टर भी छुट्टी कर जाते।

वैसे, स्कूल में जब-तब तरह-तरह की छुट्टियाँ होती रहती थीं। मौसम की पहली मार में ही बच्चे घर बैठ जाते थे। गाँव में कोई शादी हो तो बारात यहीं ठहरती थी। किसी नेता का दौरा हो तो भाषण यहीं होता था। यहाँ तक कि परिवार नियोजन वाले भी अपना कैंप यहीं लगाते थे। यह अलग बात है कि उनके द्वारा दिया गया पैकेट अकसर बच्चों के हाथ लग जाता। फिर क्या, चारों तरफ गुब्बारे ही गुब्बारे दिखने लगते।

उधर, उस समय सरकारनुमा कोई चीज कम ही दिखती थी। मजदूरी, खेती-बाड़ी और सरकारी नौकरी जीविकोपार्जन के प्रमुख साधन थे। आधे दर्जन अँगूठा टेक मास्टर थे जो आस-पास वाले गाँव के बच्चों के बौद्धिक विकास और चरित्र निर्माण में लगे हुए थे। उन्हें आठवीं पास का सर्टिफिकेट इसलिए मिला था कि उन्होंने कोसी बाँध बनाने में श्रमदान किया था। सूचना के लिए कोसी एक बिगड़ैल नदी थी जो कभी इधर घुस जाती थी, कभी उधर। उसे नाथने के लिए एक बड़ा बाँध बनाया गया। पैसे बचाने या बनाने के लिए श्रमदान का हथकंडा अपनाया गया। कहने की बात नहीं, उसके फौरन बाद वे सभी उसी सर्टिफिकेट के बूते पर स्कूलों में मास्टर भर्ती हो बाँध-निर्माण से राष्ट्र-निर्माण के काम में जुट गए। जैसे जमीन पर फावड़ा चलाना और बच्चों का बौद्धिक विकास एक ही काम हो। बाँध-निर्माण चरित्र-निर्माण का पर्याय हो। लेकिन जो कहें, तमाम गुल-गपाड़े के बाद भी माहौल में एक अपने किस्म की गर्माहट थी। मुश्किलें और चुनौतियाँ इतनी ज्यादा थीं कि भय के लिए कोई जगह नहीं थी।

4 | जैसा देश वैसा गाँव

यहाँ कुछ खास नहीं होने वाला,
सारे इस बात को मान चुके थे।

गाँवों के बारे में कितनी गलतफहमियाँ हैं, यह जानने के लिए आपको एक अदद शहरियों से बात करनी पड़ेगी। तीर-तुक्का मारते मिलेंगे या जान-बूझकर बहकाएँगे।

वैसे इस देश में हैं तो सारे इसी खेत की मूली। लेकिन जैसे-जैसे शहरी रंग चढ़ता जाता है, तेवर भी बदलते जाते हैं। पॉश इलाके में फार्म-हाउसनुमा आलीशान बंगले में रहने वाले आधे-अंग्रेज, पूरे-कंफ्यूज्ड जेंटलमेन देहातियों को हिकारत की नजर से देखते हैं। उनको इनकी वेश-भूषा, शक्ल-सूरत में दरिद्र नारायण के दर्शन होते हैं। ये बिलकुल भूल जाते हैं कि इनके इस हाल में उनकी चतुराई, ठगी और कंजूसी का बड़ा हाथ है। फिर ये इतने बदहाल हैं नहीं जितना कि वो समझते हैं।

ताजे-ताजे शहर आए लोगों की, जो कहीं ठीक-ठाक फिट हो जाते हैं, बात ही निराली होती है। यहाँ आने पर उन्हें पता चलता है कि अब तक वे कितनी बदहाली में जी रहे थे। पीछे छूट गए सगे-संबंधियों से कटने लगते हैं। कहीं किसी को पता न चल जाए कि 'पूअर बैकग्राउंड' से हैं! शहरियों

के लिए गाँव और गरीब एक ही बात है। इस बात से डरे-सहमे रहते हैं कि किसी वजह से उन्हें उस नरक में दोबारा न जाने पड़े। उनकी स्थिति कमोबेश अमेरिका में रह रहे बिना कागज के अप्रवासियों की है जो एक झटके से वापस अपने देश डिपोर्ट किए जाने के भय में सिहरते रहते हैं। जो शहर के कोने-किनारे, गंदे नाले के पास झुग्गी डाल लेते हैं उन्हें अच्छा-खराब की समझ और फुर्सत ही कहाँ है? भूख, बीमारी, रोज का फसाद उन्हें वर्तमान में बनाए रखता है जिसके लिए संपन्न लोग 'योगा' करते हैं, अंग्रेजी की 'पावर ऑफ नाउ' जैसी सेल्फ-हेल्प की महँगी किताबें पढ़ते हैं।

मेरा गाँव एक सख्त कमांडो ट्रेनिंग सेंटर की तरह था।

पहाड़, नदी, नाले, जंगल, मैदान, उजाड़, वीरान सब कुछ था। मेरे रहते-रहते बिजली के खंभे लग गए थे। तार खिंच गई थी। बिजली भी महीने में एकाध बार आ ही जाती थी। घर-बाहर भीषण संग्राम छिड़ा रहता था। यह एक मोटे ऊन से बुने स्वेटर की तरह था। एक धागा खींचते ही पूरा उधड़ने लगता था। लोग-बाग को मिलजुल कर रहने वाली बात बिलकुल नहीं सुहाती थी। आदमी पिस रहे थे। जाति-पाति जोर मार रही थी।

डारविन का विकासवाद चरम पर था। ठग और बदमाश किस्म के लोग तय करते थे कि होना क्या चाहिए। सरस्वती पूजा करने वालों को पढ़ाई-लिखाई से कुछ लेना-देना नहीं होता। बिगड़ैल टाइप के लड़के चंदा-वसूली और दादागिरी जमाने के लिए इस अवसर का पुरजोर इस्तेमाल करते। नाटक भी डाकू मोहर सिंह का खेला जाता। उसमें डाकू का रोल भी सचमुच में डकैती का मुकदमा लड़ रहा बदमाश करता। एक्टिंग तो आती नहीं थी लेकिन नकली बंदूक के साथ काले कपड़े में उसका गेट-अप उसके बदमाश की छवि को और निखार जरूर देता था। कहने की बात नहीं है कि वो अपनी कला को सचमुच में दिखाने में अपने-पराए का भेद नहीं करता था।

राजनीतिक लोग सारे गाँव से वोट माँगने की जहमत नहीं उठाते थे। इस काम का उन्होंने ठेका छोड़ा हुआ था। एक आदमी-जैसा बिचौलिया था जिसको पैसे, झंडा, बैनर पकड़ा देते थे। बाकी वो सँभाल लेता था। आदमी-जैसा इसलिए कि शक्ल-सूरत देने में भगवान ने कंजूसी कर रखी

थी, पढ़ाई-लिखाई के नाम पर दो-जमात पास था। लेकिन इन ईश्वर-प्रदत्त कठिनाइयों एवं स्व-अर्जित त्रुटियों को उसने आड़े नहीं आने दिया था। उसे पंचायत करने का खासा शौक था। इसके लिए लड़ाई जरूरी थी। इस काम में उसने पीएचडी कर रखी थी। क्या मजाल कोई महीना बिना किसी बवाल के निकल जाए। लेकिन उसका छवि-प्रबंधन गजब का था। सब-कुछ जानते हुए भी लोग लड़-कूट के उसी के पास फैसले के लिए जाते थे। वो जो कह दे, मान लेते थे। पुलिस चौकी दूर थी। उधर जाना बर्रे के छत्ते में हाथ डालने जैसा था। शुद्ध देशी भाषा में डाँट-डपट, माँ-बहन की गालियाँ, बात-बात पर थप्पड़-मुक्का-डंडा और दान-दक्षिणा की माँग, थाने का रुख करने वालों को इन सबका डर लगा रहता था। गाँव में भी सबके पीछे पड़ने का भय होता। लोग ताने मारते--इतनी सी बात पर थाना-पुलिस करने की क्या जरूरत थी? जैसे कि एक समय पूरा का पूरा बॉलीवुड एक एक्टर के पीछे हाथ धोकर पड़ गया था। उसका दोष बस इतना था कि उसने एक लड़की के लिए एक दूसरे एक्टर द्वारा फोन पर गरियाने की बात अखबार-टीवी में चला दी थी। सारे बरस पड़े। घर की बात बाहर ले जाने की क्या जरूरत थी? यहाँ तक कि लड़की भी छोड़ कर चली गई। उसका करियर चौपट हो गया।

अंतर-जातीय संबंध संक्रमण के दौर से गुजर रहा था। ऊँची जाति के ज्यादातर लोगों ने आलस, फिजूलखर्ची और ऐयाशी में जमीनें बेच डाली थी। खरीदने वाले ज्यादातर बीच की जातियों के थे। मजदूरी, भैंस पालन, दूध की बिक्री और कम-खर्ची के जरिए वे जमीनों के मालिक हो चुके थे। जन्मगत श्रेष्ठता को चुनौती देने लगे थे। संख्या में अधिक थे। सड़क के आसपास बसे थे। लड़ाई में भी भारी पड़ते थे। रास्ता बंद करके बैठ जाते। पुलिस अनहोनी के इंतजार में बैठी रहती। जब खून-खराबा हो जाता, तब कहीं आकर शांति समिति की मीटिंग करती। लड़ाई कराने वाले ही उसमें शामिल होते। निर्दोष यह सोचकर पिट जाते थे कि उन्हें कोई क्यों मारेगा। बदमाश बचकर चलते थे और बच भी जाते थे। सब-कुछ साल दो-साल के लिए सामान्य हो जाता।

गाँव में एक बड़ा भारी एनजीओ भी था। उसको चलाने वाला अपने को आचार्य कहता था। बड़ा जुगाड़ू किस्म का आदमी था। पैसों के चक्कर में

मिशनरियों को पनाह दे रखी थी। गोरी मेमनी डिस्पेंसरी चलाती थी। आसपास के आदिवासियों में शिक्षा के प्रचार-प्रसार का स्वाँग करता। कुछ पैसे पर आधे-अधकचरे पढ़े, बेरोजगार लड़कों को उनके बच्चों को पढ़ाने के लिए रख लेता। वे रोज सवेरे साइकिल से जाते और शाम को आकर चटखारे लेकर सुनाते कि कैसे उन्होंने पूरे दिन सौतारों के बोकस बच्चों को पढ़ाने के नाम पर जमकर कूटा। कभी-कभार मिशनरी गाँव में भी 'और येशु जी उठा' टाइप की पर्ची बाँट जाते। तब हमें बिलकुल नहीं पता चला कि ये धर्म-परिवर्तन को कह रहे हैं। क्यों ऐसा करते थे, यह अबतक समझ में नहीं आया। जिसे जिस भगवान को मानना है, मानो। अपना वाला भगवान दूसरों पर थोपने की क्या जरूरत है?

स्वयंभू आचार्य ने आश्रम के नाम पर एक पूरा पहाड़ी इलाका दबा रखा था। सुंदर बाग-बगीचे लगा रखे थे। बिलकुल टूरिस्ट स्पॉट था। उसकी पहुँच ऊँची थी। सारे कद्दावर नेता उसके पास आते। इलाके में वहाँ आज क्या हुआ का शोर मचा रहता था। सुनते थे कि फलाँ साल में गांधीजी आए थे, फलाँ साल नेहरू। तोप की दलाली में पैसे खाने वालों की सूची एक बड़े नेता के हाथ में मैंने खुद देखी थी। दिलकश टोपी से अपनी गंज को छुपाये, बेहद आकर्षक शेरवानी में सजे आचार्य के आश्रम में आयोजित चुनावी सभा में पर्ची वाला हाथ लहराते हुए गरजे थे—प्रधानमंत्री पद की शपथ के साथ ये सब सलाखों के पीछे होंगे। साथ आए चेले-चपाटे एकदम से चिल्ला उठे थे 'राजा नहीं फकीर है, भारत की तकदीर है।' खैर चुनाव हो गया। शपथ भी हो गई। लेकिन इस घाल-मेल में चुनावी पर्ची कहीं गायब हो गई। आचार्य किसी शिक्षा सुधार समिति का चेयरमैन जरूर लग गया।

जो हो, बचपन बिताने के लिए ये गाँव एक शानदार जगह थी। कोई लाग-लपेट नहीं, कोई ढकोसला नहीं था। 'सवारी अपने सामान की खुद ही जिम्मेवार है' की 'हैंड्स-आन' ट्रेनिंग होती थी। 'जीवन अनिश्चितताओं का खेल है' कदम-कदम पर साबित होता था। 'हम किसी से कम नहीं' की रील कभी उतरती ही नहीं थी। बड़ी बात यह थी कि यह लड़ने-लड़ाने का पूरा प्रशिक्षण, प्रोत्साहन और अवसर देती थी। कभी सुस्त नहीं पड़ने देती थी। अपेक्षा भी करती थी कि जो वहाँ से निकल गए हैं और किसी मुकाम

पर पहुँच गए हैं, वापस आएँगे। औरों को भी साथ ले जाएँगे। वहाँ कुछ खास नहीं होने वाला इस बात को मान चुके थे। अगर उन्हें लगता उनमें से किसी ने हिमालय चढ़ने जैसा दुर्गम काम किया है तो उसपर नाज भी करते थे। इस उपक्रम में वे जाति, वर्ग, क्षेत्र का भेद भूल जाते थे। आप सबके हो जाते थे।

मेरा गाँव, मेरा बचपन, मेरे लोग मुझे बहुत याद आते हैं। पर यह वैसा न था जैसा सिनेमावाले दिखाते और अर्थशास्त्री बताते हैं।

5 | लड़की की शादी

गाँव में लड़कियाँ रेलवे स्टेशन पर खड़े पैसेंजर की तरह होती थीं जिन्हें पूरा परिवार किसी भी रेल में बिठाकर छुट्टी पाने की फिराक में रहता था।

बॉलीवुड की एक सिनेमा बनाने वाली कंपनी ने गाँव में होने वाली शादियों के बारे में लोगों को बड़ा बहकाया।

माहौल ऐसा बनाता था कि दिल मुँह को आ जाता था। सब एक-दूसरे की फिक्र में दुबले हुए जाते थे। बोल-चाल में चासनी बरसती थी। लड़के का बाप गजब का भला आदमी होता था। एक नंबर का हँसोड़। लड़की का बाप हमेशा हाथ जोड़े रखता। उसकी आँखें सूखती ही न थी। एक मंथरा जैसी अध-बुढ़िया रिश्तेदार भी होती थी। लौंडे बिलकुल सधे होते थे। क्या मजाल हँसी-मजाक से एक इंच भी आगे बढ़ जाएँ। हाँ, लड़के के भाई की बात अलग थी। उसे लड़की की बहनों से नैन-मटक्के की पूरी छूट थी। सब-के-सब एक-दूसरे पर मर-मिटने की जिद मचाते। कारण-अकारण हलक-हलक कर रोते। सबको रुलाते। आधी रील खत्म होते-होते पूरे सिनेमा हॉल में आँसुओं की बाढ़ आ जाती।

बाद में उसके होनहार बेटे ने उसी कहानी पर शहरी डिस्टेंपर चढ़ा

कर बड़ा माल कूटा। चिकने हीरो, चुलबुली हीरोइनें और महँगे सेट से अपने को होशियार समझने वाले शहरियों को जमकर चूना लगाया। उसमें इस्तेमाल रंग-बिरंगे कपड़ों का फैशन चल पड़ता। उसके गानों पर नाचे बगैर पूरे देश में बारात दरवाजे ही नहीं लगती। मुझे नहीं पता बाप-बेटे के इन ठगों की जोड़ी ने ऐसी शादियाँ कहाँ देखीं। बूढ़ा अगर जिंदा होता और बेटा अगर पकड़ में आ जाए तो इन्हें एक असल के गाँव की सचमुच की शादी भुगता आते। बच्चू के होश ठिकाने आ जाते।

जो भी हो, बदले हालात में वो बात नहीं रही। वरना लड़के और उसके बाप के क्या ठाठ थे!

हमारे समय में गाँव में लड़की का पैदा होना बाप का फौज में कोर्ट मार्शल होने जैसा था। लोग कहते–बेटी का बाप हो गया है, अब तो नजर नीची करके चलनी पड़ेगी। चिंता इस बात की नहीं होती थी कि बेटी पढ़े-लिखे। सर-खपाई इस बात पर होती थी कि इसकी शादी कैसे होगी, खर्चा कहाँ से आएगा और उसके पहले कहीं कोई ऊँच-नीच न हो जाए। खानदान का नाम खराब न हो, ध्यान रखना पड़ता था। एक बदनाम कुनबे की बेटी कौन ब्याहेगा? लड़कियों को बचपन में ही बच्चे सँभालने का काम मिल जाता। माँएँ चूल्हा-चौकी में अपने मुफ्त के असिस्टेंट के तौर पर भर्ती कर लेतीं। बकरे पालना उसका साइड बिजनेस हो जाता। वो उसका कोई नाम रख देती। उससे प्यार करने लगती। काटने लायक होते ही किसी दिन पीठ पीछे घरवाले मिमियाते बकरे को बेचकर पैसे उसकी शादी की गुल्लक में डाल देते। वो मन मसोस के रह जाती। यह अलग बात थी कि वो गुल्लक साल होते-होते टूट जाती और पैसे कहीं और खर्च हो जाते।

बारह साल की होते-होते छुटकारा पाने की जुगत शुरू हो जाती थी। 'बेटी जवान हो गई, कब तक घर बिठाओगे' की खुसर-फुसर चल पड़ती। सरकारी नौकरी वाले लड़कों के नखरे सातवें आसमान पर होते। चाहे वो कहीं चपरासी ही क्यों न लग रहा हो! फलाँ साहब का चपरासी-पेशकार है, कहते हुए लड़के के बाप की भवें तन जातीं। आँखों में घमंड हिलोरें मारने लगता। खेती-बाड़ी वाले लड़के दूसरे दर्जे में आते थे। बाकी जिनके पल्ले

धेला भी न होता, वो भी शादी के खर्चे के नाम पर कुछ-न-कुछ खींचने की जुगत में रहते।

लड़के के बाप की कुर्सी कोई पक्की नहीं होती थी। अगर तोल-मोल में उसकी कला पर संदेह होता तो लड़के के मामा, चाचा, मौसा मैदान में कूद जाते। यदा-कदा माल पर हाथ भी फेर देते।

लड़की की शादी की बातचीत एक व्यवस्थित तरीके से होती थी। इस युद्ध-कौशल को वरतुहारी कहते थे। लड़के के ब्याह के उम्र होने की खबरें खुले स्रोतों से एकत्रित की जातीं। फिर इस कला में माहिर लोग लड़की के बाप के खर्चे पर जगह-जगह धावा बोलते। इनका सारा ध्यान लड़केवालों द्वारा परोसे गए तर-माल पर होता था। लड़केवाले भी हैसियत देखकर बात करते। बड़ी पार्टियों पर तो पूरे पैसे उड़ाते। पूरे इलाके और बाद में आने वालों को बताते कि फलाँ बाबू वरतुहारी करने आए थे। अगर भूले-भटके कोई बे-औकात लड़की का बाप फटक जाता तो उसकी इतनी बेइज्जती करते कि पूछो मत।

जिस लड़के की कोई नौकरी नहीं होती उसको महँगे दामों पर बेचना भी अपने-आप में एक कला थी। कुछ महीनों के लिए कहीं भेजकर उचित माध्यम से प्रचारित कर दिया जाता कि 'कमीशन' की तैयारी कर रहा है। अगुआ मार्केट में यह बात फैला देते कि अभी मौका है। अगर कोई बड़ी नौकरी लग गई तो लड़का पहुँच से बाहर निकल जाएगा। कई इस झाँसे में फँस भी जाते थे।

लड़की वाले भी कम न थे। अपनी हैसियत और बेटी के गुण का बढ़ा-चढ़ा कर बखान करते। जब देखते कि पानी सिर से ऊपर है और बात नहीं बनने वाली तो एक मोटी रकम का ऑफर देकर गायब हो जाते। लड़के का बाप राह देखता रहता। खबर पर खबर भिजवाता रहता।

एक रसायन शास्त्र के गोरे-चिट्टे प्रोफेसर थे। शायद बेटी भी वैसी ही थी। मुँहफट थे। काले रंग वाले को आदमी ही नहीं गिनते थे। बड़ी मुश्किल से एक चाकलेटी लड़का जो कुछ खास नहीं कर रहा था, उनको पसंद आ

गया। उसके बाप ने गरज देखी। मोटी माँग रख दी। बोला फलाँ के लड़के को इतना मिल रहा है। प्रोफेसर साहब भड़क गए। बोले वो घोड़ा खरीद रहा है, उसके दाम दे रहा है। आपका बेटा गधा है, उसी का दाम लगाओ। फिर क्या था। बड़ी मुश्किल से बात गाली-गलौज पर थमी।

इस सारे बवाल के बीच लड़के खयाली पुलाव पकाने में लगे रहते। लड़कियाँ सोमवार से लेकर एतवारी तक के उपवास-व्रत में जुटी रहतीं। लड़कों को सख्त हिदायत होती कि जब तक कोई लड़कीवाला फँस नहीं जाए, अपने ऊपर लगाम रखो। नहीं तो पूरी उमर कुँवारे रहोगे। अगर बाप फील्डिंग सेट न करे तो इनकी औकात नहीं थी कि किसी लड़की को ब्याह के लिए राजी कर लेते। लड़कियों को घर में लगभग नजरबंद कर दिया जाता। डर रहता था कि कहीं कोई बात न उड़ जाए। ब्याह में कोई बाधा न खड़ी हो जाए। वो भी मजे में अपने सपनों के राजकुमार का इंतजार करतीं। सोचती कि वो एक दिन आएगा और उसे परियों के देश में ले जाएगा।

कुल मिलाकर लड़कियों की हालत रेलवे स्टेशन पर खड़े पैसेंजर की तरह होती थी जिन्हें पूरा परिवार किसी भी रेल में बिठाकर छुट्टी पाने की फिराक में रहता था।

6 | बेचारी हिंदी

घृणा को एक बेलगाम भाषा चाहिए।
प्रेम तो इशारे से ही काम चला लेता है।

दूर गाँव में घुसे होने के बावजूद नाजुक उम्र में ही हम पर छह-सात भाषाओं के ताबड़-तोड़ हमले हुए। हम इनसे जूझते बड़े हुए। बाद में पता चला कि हम जैसे थे, वैसा बनाने में इनका बड़ा हाथ था।

खेल इशारों से शुरू हुआ। छोटे थे। बोल न पाते थे। इसी से सारा काम कराते थे। बड़े हुए तो इसका इस्तेमाल वहाँ करने लगे जहाँ बोलना जरूरी, सुरक्षित या काफी न था। यह हाथ, पैर, मुँह, आँख को एक विशेष कोण में घुमाने की कला थी। इसे सिखाने के लिए कोई क्लास नहीं लगती थी। देख-सुनकर ही पारंगत हो जाते थे। किसी को चुप करना हो तो मुँह पर एक खड़ी ऊँगली काफी थी। दफा करना हो तो कलाई का एक झटका काम कर जाता था।

घृणा को एक बेलगाम भाषा चाहिए। प्रेम इस तरह की बेजा ऊर्जा-खपत में विश्वास नहीं करता। आँखों के इशारे से ही काम चला लेता है। इसके लिए कोई और भाषा न तो जरूरी है, न ही सुरक्षित। बात खुलते ही बतँगड़ होना तय है।

इशारे की भाषा कपल-एंट्री वाले नाइट क्लब में घुसने को बेताब छड़े लौंडे की तरह है। किसी के गले पड़ जाने को एकदम तैयार। बाद में पता चला कि बोल और चाल का चोली-दामन का साथ है। सयाने लोग सुनते कम, देखते ज्यादा हैं। 'बॉडी लैंग्विज' शोध का एक बड़ा विषय है। इसके तहत आदमी की कलई खोलने के लिए उसके हील-हवाले, भाव-भंगिमा पर अध्ययन-प्रयोग किया जाता है। फॉर्मूले ढूँढ़े जाते हैं।

हमारे यहाँ भी यह बात एक समय काफी उड़ी थी। पड़ोसी देश का एक जनरल मुफ्त में बीवी के साथ ताजमहल के आगे फोटो खिंचवाने की गरज से सरकारी खर्चे पर आया था। उसके आका ने कइयों को दरकिनार कर उसे तोप की कमान दी थी। सोचा था कि रिफ्यूजी है, कंट्रोल में रहेगा। वो सबका बाप निकला। अपने-आप जंग जैसी चीज छेड़ दी और एक दिन आपा-धापी में आका को पटखनी दे खुद ही तख्त पर काबिज हो गया। वैसे इस देश के लोगों को फौजियों के हाथ जूते खाने का जैसे शौक है। पाँच-दस साल में इनसे अगर अपनी ऐसी-तैसी न करा लें तो इनकी हालत पुड़िया नहीं पा रहे गंजेड़ियों जैसी हो जाती है।

पंजाबी कुर्ते-पजामे में लिपटा जैसे ही वह उड़नखटोले से उतरा, टीवी वालों ने पोर-पोर पर कैमरे फिट कर दिए। चालाक आदमी के कहे को सुनने की गलती नहीं करना चाहते थे। रिपोर्ट में ताबड़तोड़ हाँके जा रहे थे कि जनरल ने ऐसे ऊँगली उठाई, वैसे देखा, इधर घूमे, गर्दन को झटका। विशेषज्ञ इसे धड़ाधड़ 'डी-कोड' किए जा रहे थे। सट्टे मार रहे थे लेकिन परोस व्यापक विश्लेषण की तरह रहे थे। हम सारे बिछे जा रहे थे। खबरनवीस हों तो ऐसे! एकबारगी तो यह लगा कि जनरल के जाते ही बॉडी लैंग्विज को संविधान की आठवीं सूची में डालने के लिए ये कोई बड़ा आंदोलन छेड देंगे।

हमसे टकराने वाली पहली लिखित भाषा हिंदी निकली। वो भी एकदम से नहीं आ धमकी। एक मँजे हुए मेहमान की तरह पहले बोलचाल के लहजे में हमारे जहन में घुसी। बोल मानो उस समय का आधार कार्ड था। मुँह खोलते ही पहचान खोल देता। बता देता कि ये प्राणी इस भू-खंड के फलाँ दस-बीस कोस के दायरे से फटका है।

घरेलू हिंदी वैसे अपनी औकात में रहती थी। सिर्फ अपने घर, पड़ोस और पहचान वालों के साथ ही अनौपचारिक तौर पर बोली जा सकती थी। कहीं और किसी अन्य स्थिति में इसका प्रयोग खतरे से खाली न था। देहाती और अनपढ़ घोषित किए जाने की पूरी-पूरी संभावना बन जाती थी।

फिर शुरू हुआ लिखित और 'खड़ी' हिंदी का दौर। इस हिसाब से अब तक जो हम घरों में बोलते थे वो सच्ची-मुच्ची हिंदी नहीं थी। स्कूल में इस्तेमाल का परमिट तथाकथित खड़ी हिंदी को मिला हुआ था। औपचारिक स्थितियों का ठेका भी इसी ने छुड़वाया हुआ था। लेकिन ऐसा भी न था कि घरौआ हिंदी के ऊपर इसका हुक्म चलता था। घर-पड़ोस जान-पहचान में खड़ी हिंदी अशिष्टता और उथलेपन का प्रमाण मानी जाती थी। ऐसे सतही लोगों को 'टेंटी' के उपनाम से नवाजा जाता था।

लेकिन बड़े लोगों को अन्य चीजों की तरह यहाँ भी खुली छूट थी। किसी भी स्थिति में वे कुछ भी, कैसे भी बोल सकते थे। नियम-कानून का उल्लंघन उनका विशेषाधिकार था। किसी भी स्थिति में उनको इससे वंचित नहीं किया जा सकता था।

स्कूल में छठी जमात में अंग्रेजी किसी अवतार की तरह आई। लेकिन इसके लिए व्याप्त श्रद्धा की गहराई का अनुभव मुझे होश सँभालते ही हो गया था। भाषा न थी, तत्व-ज्ञान था। उसे बोलने वाले को समाज में उच्चतम स्थान दिया जाता था। ऋषि-मुनियों का बाप समझा जाता था। भाषा और ज्ञान का भेद मिट गया था। देखने में तो यह छब्बीस अक्षरों वाली औसत-सी भाषा थी, लेकिन बावन सैनिकों से सजी हिंदी इसके आगे बिना लड़े हथियार डाल देती थी। फर्राटेदार धाराप्रवाह अंग्रेजी बोलने वाले को बिना किसी संशय-संदेह के उद्‌भट विद्वान मान लिया जाता था।

आजादी के बाद अंग्रेजों की जगह अंग्रेजी बोलने वालों ने ले ली। सारे बड़े ओहदे इन लोगों ने कब्जा लिए। इनमें से ज्यादातर देशी लोगों को अंग्रेजों से भी ज्यादा हिकारत की नजर से देखते थे। सूचना के लिए दूसरे विश्वयुद्ध में हिटलर से बाल-बाल बचे इंग्लैंड का एक प्रधानमंत्री था। हिंदुस्तानियों को आले दर्जे का जाहिल और गँवार समझता था। खुलेआम

कहता था कि ये चूहे की तरह बच्चे पैदा करते हैं। थोड़े-बहुत मर भी जाएँ तो क्या फर्क पड़ता है? अपने कार्यकाल में उसने इस दिशा में ठोस प्रयास भी किया। डकार मार रहे अंग्रेजों के लिए गोदाम में अनाज भरवाता रहा। यहाँ लाखों लोग भूख से मरते रहे। बड़बोला अगर चुनाव न हारता तो पता नहीं हमारा पंद्रह अगस्त कब आता!

अंग्रेजी के प्रति भक्ति और अपनी भाषा से विरक्ति में हमारा दुनिया तो छोड़िए, पूरे ब्रह्मांड में कोई सानी नहीं है। मुझे आज तक समझ में नहीं आया कि सब खेल छोड़ हम क्रिकेट जैसा सुस्त खेल क्यों देखते हैं? सारा साहित्य छोड़कर हम शेक्सपीयर के मैक्बेथ जैसी रोंदू किताब क्यों पढ़ते हैं? और वो वड्र्ज्वर्थ ऊवाच कि बच्चा आदमी का बाप होता है, कोई बात हुई? यह तो इधर के बाप-रूपी साँड को लाल कपड़ा दिखाने जैसा है। कूट के रख देगा। मुझे तो बड़ा अटपटा लगा। फिर भी गुणगान में लगे रहे। परीक्षा में नंबर का जो सवाल था।

हद तो तब हो गई जब सालों बाद एक बड़े ओहदेदार के मुखारविंद से यह उक्ति सुनने को मिली, 'बाकी लोग तो नकली हैं। सोचते हिंदी में, बोलते अंग्रेजी में हैं। मेरे तो भाव भी अंग्रेजी में ही आते हैं।' कालांतर में वे अपने इस अंग्रेजी भाव के लिए जगप्रसिद्ध हुए। एक बिदकी चेली ने उनपर जोर-जबरदस्ती की गोली दाग दी। महीनों जेल की शोभा बढ़ाई। कहते हैं करोड़, दो-करोड़ देकर पीछा छुटवाया!

संस्कृत किसी जिहादी की तरह आई। जैसे कि अंग्रेजी का बोझ काफी न था! पता था कि वैसे कोई इसको घास न डालेगा। सो बोर्ड परीक्षा में पास करने के लिए इसमें पास होना अनिवार्य कर दिया गया। इसको पढ़ाने वाला मास्टर ऊँचा सुनता था। नीम पर चढ़ा करेला वाली बात हो गई। शब्द-रूप रटाने के लिए डंडे का प्रचुर इस्तेमाल करता। वैसे उसका संस्कृत-प्रेम नौकरी पाने भर तक था। धेला न जानता था। अभिज्ञान शाकुंतलम को हिंदी में पढ़ा कर किशोरावस्था में घुस रहे बेचारे लड़कों को बिना मतलब के और भी बेहाल करता रहता। शकुंतला का नख-शिख वर्णन सबकी रातों की नींद उड़ा देता। तरह-तरह के श्लोकों के भावार्थ लिख-लिख सारे चक्करघिन्नी खा रहे थे।

विज्ञान कुछ कहता था, व्यवहार कुछ और। अलौकिक भाषा अंग्रेजी, राष्ट्रभाषा हिंदी और देवभाषा संस्कृत, उसमें हाँकने वाले लेखक-कवि और उसे पढ़ाने की जद्दोजहद करते मास्टर सारे अपनी-अपनी तरफ खींचे जाते थे। वैसे में सिर्फ एक ही रास्ता बचता था। जितना हो सके रट लो। छमाही-वार्षिक परीक्षा में उगलने के काम आएगा। सारे कमोबेश इसी काम में जुटे थे।

इस भाषा महायुद्ध से अलग सबने हाई स्कूल छोड़ते-छोड़ते अपने-अपने स्तर पर दो और मोर्चे खोल लिए थे। उर्दू की शेरो-शायरी के जरिए प्रेम-प्रकटीकरण पूरे वेग से चल पड़ा था। वर्जित साहित्य की दुर्लभ पांडुलिपियाँ दनादन ठिकाने बदल रही थीं। दोनों स्वाध्याय के माध्यम से पढ़ाई की किताबों पर भी भारी पड़ रही थीं।

बाद में एक अमेरिकी शोध की रिपोर्ट जो अखबार में छपी थी, दिख गई। लिखा था जितनी भाषा सीखो, मस्तिष्क का आकार उतना बड़ा हो जाता है। लगता है कि हाँक रहे थे। इस हिसाब से तो हमारा सिर दुगने साइज का हो जाना चाहिए था। अमेरिकी कब का 'एलीयन' समझकर पकड़ ले गए होते।

एक सर्वेवाले ने लिखा कि दुनिया में सौ में से चालीस को एक, तैंतालिस को दो, तेरह को तीन और तीन को चार भाषा धड़ल्ले से बोलनी आती हैं। सौ में सिर्फ एक आदमी ही पाँच से अधिक भाषा बोल सकता है। अपनी गिनती तो पाँच-छह तक पहुँच चुकी थी। हम सौ में एक हो चुके थे। सिविल सर्विस परीक्षा में, जिसका आगे जाकर मुझे शौक चढ़ा, पास का औसत तीन सौ में एक का था। इस हिसाब से मुझे यह काम इतना भी मुश्किल नहीं लगा जितना लोग बता रहे थे।

7 | परीक्षावाली पढ़ाई

इसमें यह पता करने की कोशिश रहती है
कि आप क्या नहीं जानते हैं।

स्कूल-कॉलेज से मेरा नाता हमेशा से ही मतलब का रहा। मैंने शुरू में ही अंदाजा लगा लिया था कि अगर सालाना इम्तिहान में टोकरे भर कर नंबर ले आए जाएँ तो किसी ने और कुछ नहीं पूछना। मेरी माँ से मेरी शुरू में ही डील हो गई थी:

तुम मुझे आजादी दो,
मैं तुम्हें नंबर दूँगा।

वो एक व्यावहारिक महिला थी। बात उनकी समझ में आ गई। शुरू-शुरू में तो मास्टरों ने झिक-झिक की। भाइयों ने भी चों-चों की। हर बार मैंने माँ को आगे कर दिया। तो यह कहकर सब को चुप करा देती कि अभी स्कूल जाना सीख रहा है। ज्यादा खींचोगे तो बिदक जाएगा।

देखते-देखते छमाही परीक्षा आ गई। भाइयों ने तैयारी करा रखी थी। परीक्षा में वही पूछा गया जो मैं पढ़ कर गया था। सरकंडे से सीखी हुई सुघड़ लिखाई ने भी जलवा दिखाया। मेरे चमत्कारी कारनामे से सारे मुग्ध हो गए।

मेरी समझ में एक और बात आ गई। सब-कुछ घटोसने की जरूरत नहीं है। अर्जुन की नजर मछली की आँख पर रहनी चाहिए। ज्ञान-गंगा के उसी कोने में डुबकी लगानी चाहिए, जिधर सवाल सेट करने वाले साबुन घिस रहे हों। परीक्षा लेने वाले की यह कोशिश रहती है कि वही पूछें जो आपने नहीं पढ़ रखा है। विद्यार्थी-धर्म कहता है कि सारी किस्मत और मेहनत इस कुचक्र को निष्फल करने में लगा देनी चाहिए।

उन दिनों के मास्टर भी भले होते थे। आलस थी या उदारता, हमें ज्यादा दौड़ाने-थकाने में विश्वास नहीं करते थे। पिछले दो-तीन साल के प्रश्नों की गगरी से ही मौज में कोई सवाल उछाल देते थे। प्रश्न-पत्र का फॉर्मेट भी बड़ा उदार होता—दस में से किन्हीं पाँच के उत्तर दें। सबका मान बराबर है। अगर तीन-चार सवाल भी लड़ जाएँ तो पाँचवें तक पहुँचते-पहुँचते परीक्षक को संदेह का लाभ देने के लिए राजी किया जा सकता था। अब की तरह मल्टिपल-च्वाइस के भँवर में नहीं डुबोते थे। आदमी न हुए, जीरो-एक, जीरो-एक वाला कंप्यूटर प्रोग्राम हो गए।

स्कूल पटल पर मेरी धमाकेदार एंट्री से माँ की चिंता जाती रही। अब तो चिल्ल-पौं करने वाले को सीधा बोल देती कि इसे तंग न किया करो। मैं भी न बँधने की गरज से अपने टाइम-टेबल के हिसाब से भिड़ा रहता। बस एक बात पर दीदीजी अड़ गई। बोली जब भी डिप्टी साहब निरीक्षण को आएँ तो इसे मौजूद रहना पड़ेगा। उनके पूछे सवालों का जवाब देना होगा। मैंने झट-पट हाँ कर दी।

अगले पाँच साल मजे में गुजरे। गणित के मास्टर ने मेरी तारीफ के बड़े पुल बाँधे। मेरे होनहार होने की खबरें इलाके में दूर-दूर तक फैला दीं। इसे और पुख्ता करने में परीक्षा के नंबर, डिप्टी को खपाने की मेरी कला और भाइयों और उसके दोस्तों का प्यार बड़ा काम आया। इस तरह की अफलातूनी प्रारंभिक शिक्षा का आने वाले दिनों में एक भारी फायदा और लगे हाथ एक बड़ा नुकसान भी हुआ। बड़े भाइयों के साये में समय बिताने का असर यह हुआ कि मेरा मुस्टंडों का भय जाता रहा। नुकसान यह हुआ कि हम-उम्रों से मेरी ज्यादा हमजोली नहीं हो पाई। पहली आदत की

वजह से कई बार पिटते-पिटते बचा। दूसरे के चलते कई रंगीन मौके हाथ से गए।

मिडल स्कूल पक्की सड़क के किनारे था। कोई पूछता कि कहाँ पढ़ते हो तो पारंपरिक जवाब होता-'सड़क पर'। इस बार किस्मत थोक में दगा दे गई। छठी क्लास में हेडमास्टर, क्लास टीचर और भूगोल मास्टर का बेटा पढ़ता था। मेरी पहले की ख्याति किसी काम न आई। परीक्षा प्रबंधन की कला भी धरी रह गई। अगले दो साल परंपरा के अनुसार तीनों के बेटे क्लास में क्रमशः फर्स्ट, सेकंड और थर्ड आते रहे। तीनों के पल्ले कुछ होता तो मुश्किल होती। एक नंबर के बौड़म थे। मैंने सोच लिया कि इस स्कूल में गिनती चार से शुरू होती है। हम-उम्रों से मेरी विरक्ति और बढ़ गई।

आठवीं क्लास में जब हाई स्कूल पहुँचा तो गुजरा जमाना वापस लौट आया। मेरे होनहार होने का राग फिर छिड़ गया। मास्टर वैसे ही थे पर उनमें किसी का बच्चा मेरी क्लास में नहीं पढ़ता था। उनमें से ज्यादातर का सरकार में कोई माई-बाप न था। अन्यथा एक दूर-दराज स्कूल में यूँ न पटके रहते। सरकारी नौकरी थी। खेप रहे थे। सारी ऊर्जा गुटबंदी में खपाते थे। एक रजनीश का चेला था। कंधे पर तोता लिए फिरता था। अंग्रेजों ने भी इस बेदर्दी से हिंदुस्तान को नहीं लूटा होगा जिस बेफिक्री से ये लड़कों का टाइम-पास करवा रहे थे। सब-कुछ राम-भरोसे था। मैं यकीनन इसी माहौल के लिए ही बना था। परीक्षाएँ आती रहीं, जाती रहीं। बिनाका गीतमाला के हिट गाने की तरह मैं सालों-साल पहले पायदान पर डटा रहा।

अपनी आजादी मुझे जान से प्यारी थी। मैं छोटे तालाब की बड़ी मछली की तरह था। बड़ी नदी मुझे गँवारा न थी। जब मैट्रिक पास हुए तो बगल वाले कॉलेज में ही दाखिला ले लिया। शर्तें प्राइमरी स्कूल वाली ही थीं। अब तक अपनी होनहारी पर न मुझे कोई संदेह था न किसी और को। अगर किसी को था भी तो मैंने उसे मानव-सुलभ ईर्ष्या का नाम देकर खारिज कर रखा था। लेकिन मुझे क्या 'बड़ा' करना है इसका फैसला अब तक नहीं हो पाया था। खुद मनमौजी थे। भाई लोग मेरे बारे में इतनी हाँक चुके थे कि

स्वयं भी विश्वास करने लगे थे कि बस थोड़े समय की बात है। मैं कुछ बड़ा करने ही वाला हूँ।

ऐसे में माँ ने एक दिन पूछ लिया—ये आईएएस-आईपीएस क्या होता है?

जिंदगी पहले जैसी न रही।

दरअसल उनकी रिश्तेदारी में किसी ने डींग हाँक दी थी। बोली—तुम ऐसा कुछ क्यों नहीं करते? मैंने कहा अभी लो। तब कोई गूगल तो था नहीं। इधर-उधर मुँह मारा तो पता चला कि यह तो दुनिया की सबसे जटिल परीक्षा है। इससे पार पाने के लिए सरस्वती का साक्षात वरदान चाहिए। इसे 'क्लीयर' करने वाले 'सोसाइटी के क्रीम' होते हैं। विलक्षण बुद्धि और दुनिया-भर की किस्मत चाहिए। खानदानी होना जरूरी है। एक-आध और से पूछा तो बोले कि मनमानी छोड़ो, यह कोई बच्चों का खेल नहीं है। पहले इंजीनियरिंग, एमबीए वगैरह कर लो। एक नौकरी पक्की कर लो। फिर सोचना। कोई 'फॉल-बैक' जरूर होना चाहिए। जैसे-जैसे लोग मुश्किलें गिनाते गए, मेरे अंदर का बागी सिर उठाता गया। अंत में मैंने काम की बात पूछ ली—कितने नंबर में बात बन जाती है। उन्हें ठीक-ठीक पता नहीं था, फिर भी बोल पड़े—कुल का पचास प्रतिशत।

तलवार वहीं खिंच गई।

यह मेरी विशेषज्ञता का क्षेत्र था। मैंने कहा इसकी तो छोड़िए, अगर किसी परीक्षा में इससे कम नंबर आए तो मैं उसी दिन पढ़ाई छोड़कर भाड़ झोंकना शुरू कर दूँगा।

न कभी किसी की ऊँगली पकड़ी थी और न अब गँवारा था। जो करना था खुद करना था। पुराना फॉर्मूला पकड़ लिया। कई विषयों के सिलेबस और कई साल के प्रश्न-पत्र देखे। ग्रेजुएशन में दाखिले की तारीख खत्म होने को थी। कॉलेज के प्रिंसिपल के कमरे में घुस गए। बोला, मेरा दाखिला आर्ट्स में कर लो। दबंग किस्म के आदमी थे। इलाके के एक बड़े आदमी के दामाद भी थे। पहचानते थे। पूछा सब ठीक तो है। वृतांत बताया तो बोले, बस कर डालो।

घर पहुँचने से पहले खबर पहुँच गए थी। रास्ते में कर्ज डकारने के लिए कुख्यात तोंदियल पंडितजी मिल गए। बोले 'आर्ट्स रख लिए? गोबरा ही गए? बड़ी उम्मीद थी।' मैंने कहा कि फटे में पैर घुसाने की जरूरत नहीं, अपना शंख फूँको। गाँव की यह एक बड़ी समस्या है। अपने से ज्यादा दूसरों से सरोकार रहता है। बिन-पूछे विशेषज्ञ राय की आँधी चलती रहती है।

घर में माहौल गरम था। आम तौर पर संयमित रहने वाले भाई बौराये हुए थे। गाँव में आर्ट्स पढ़ना और न पढ़ना बराबर माना जाता था। मैं चुप ही रहा। माँ ने कुछ नहीं पूछा। शायद समझ गई कि आग उसी की लगाई हुई है। बोली, सारे अपना-अपना काम करो। आपात-बैठक शुरू होने से पहले ही खत्म हो गई। मैंने चैन की साँस ली।

महाभारत का शंख फूँका जा चुका था। पीछे हटना अब संभव न था।

8 | उधार का जीवन दर्शन

जीवन-मृत्यु के बारे में हमारा खुद का नजरिया होना चाहिए। उधार का जीवन दर्शन न हमें तसल्ली से जीने देगा, न चैन से मरने।

पढ़ाई चल रही थी। परीक्षा में नंबर आ रहे थे। डिप्टी साहब मेरी हाजिर-जवाबी से प्रसन्न थे। दीदीजी की नौकरी सुरक्षित थी। सब-कुछ अपनी जगह चाक-चौबंद था।

लेकिन बाल-मन में भूगोल का ज्ञान सहज घुसता नहीं था। विज्ञान की कहानी गले नहीं उतरती थी। सूरज उगता-डूबता है। धरती चपटी है। हम उसपर उठते-बैठते, सोते-जागते, खाते-पीते, लड़ते-झगड़ते हैं। यही ठीक और बाकी कोरी बकवास लगती थी। पढ़ते इसलिए थे कि परीक्षा में वैसे ही लिखने के नंबर आते थे। ये दो दुनिया थीं जो अगल-बगल चल रही थीं—एक जैसी यह लगती-दिखती थी और दूसरी, जैसा ज्ञान-विज्ञान बताता था।

समस्या और बढ़ गई जब साथ खेलने वाले एक लड़के को अँधेरे में साँप ने काट खाया। वहाँ इन छोटी-मोटी दिक्कतों के लिए अस्पताल ले जाने का रिवाज न था। एक अधपागल औघड़ था। लंबे बाल थे। रोज शाम चिलम से गाँजे का सुट्टा मारता। इसी कारण आँख बाहर निकल आई थी। पता नहीं

किस भाषा में मंत्र चिल्लाता था। कहीं से एक काला कुत्ता चुरा लाया था। उसे हमेशा साथ रखता था। साँप-बिच्छु के काटे पर लोग उसी से झाड़-फूँक करा लेते थे। घंटों चली नौटंकी का कोई असर न हुआ। बेचारा चल बसा। चार बहनों पर एक भाई था। बड़ी हाय-तौबा मची। शाम होते-होते लोग उसे पास वाली नदी किनारे फूँक आए। मैंने पहली बार अपनी माँ से ब्रह्म-प्रश्न पूछा—मर जाने पर क्या होता है? अमूमन लोग बहका देते हैं। कह देते हैं कि आसमान का तारा बन जाता है। भगवान के पास चला जाता है। लेकिन उसने ऐसा कुछ नहीं कहा। बोली, ठीक-ठीक कुछ पता नहीं। जितने मुँह उतनी बातें हैं। सब तसल्ली के लिए हैं। बड़े हो जाओगे तो जैसे दिल माने, मना लेना। अभी खेलो-कूदो।

लेकिन खेलते-कूदते कैसे? जिसके साथ रोज खेलते थे, वही खेल कर गया था। जीने-मरने की बहस छेड़ गया था।

अगले कुछ बरसों में मैंने देखा कि मरने-मरने में फर्क होता है। किसी ने मार दिया या खुद मरे। असमय चल बसे या बूढ़े होकर। देश मरे कि परदेश। गरीब मरे कि मालदार। बाद की हाय-तौबा, रौनक-मेला में बड़ा फर्क होता था। बूढ़े, अधेड़ और खाते-पीते मरने वालों को ट्रक में डाल गंगा किनारे ले जाते। मरे को खोर-खोर कर जलाने में कोई-कोई विशेषज्ञ होता। अपनी कला दिखाता। सारे एक सुर में कहते—'बड़ा नेक आदमी था। ये दुनिया एक माया है। एक दिन सबको चले जाना है।' फिर शमशान घाट के बगल में एक हलवाई की दुकान पर मरने वाले के परिवार के खर्चे पर जमकर जलेबी-पूड़ी खाते। पास में एक वेश्याओं का मोहल्ला था। सुनने में आया था कि कुछ लोग मौके का फायदा उठाकर एक पंथ, दो काज कर आते थे।

भेद तब खुला जब पंडित-बनिए की लड़ाई हो गई। दोनों एक-दूसरे के भरोसे गए थे। पंडित चतुर था। बनिए को मोटा असामी बता अपना खर्चा भी उसी पर डाल कर खिसक लिया। अनाड़ी बनिया पंडित को ढूँढ़ने लगा। खर्च हो जाने के डर से पास में पैसे रखता ही नहीं था। फिर क्या था। बेहया नगरवधुओं एवं उसके खिसियाए दलालों ने उसी के छाते से उसकी जम कर

धुनाई की। और कुछ मिला नहीं तो छाता ही रख लिया। चश्मा और कुर्ता भी उतरवा लिया।

मरने के बाद पंद्रह दिन की क्रिया होती थी। रिश्तेदार आ धमकते थे। पंडित खाने, पहनने, सोने और अन्य घरेलू इस्तेमाल का सामान दान में लेता था। कहता कि यह सारा ऊपर मरे को मिल जाएगा। जागा नाम के दोयम दर्जे के पंडितों का टोल मरने वाले की तरफ से चिल्ला-चिल्ला कर इतना ठूँसता था कि मानो पेट की जगह टंकी लगी हो। परिणाम यह होता कि दो-चार दिन निकलते-निकलते मरे के ऊपर रोना-पीटना छोड़ परिवार वाले यह सोचने लगते थे कि किस तरह से इस भीड़ से पीछा छूटेगा।

किसी को सदमे से बाहर निकालने का शायद यह बेहद कारगर तरीका था। 'मुश्किलें मुझपर पड़ीं इतनी कि आसाँ हो गईं।'

मेरी माँ सोते समय कहानियाँ सुनाया करती थी। मैं अपने गुजरे साथी को भुला न पाया था। एक दिन फिर पूछ बैठा, 'मरने के बाद आदमी कहाँ जाता है?' वो नहीं चाहती थी कि मैं धर्मभीरु बन जाऊँ। शायद इसीलिए कभी भगवान को बीच में न लाती थी। कहती कि अगर है भी तो अपना काम कर रहा होगा। तुम अपना करो। भाग्य की बात सुनते ही उखड़ जाती। कहती कि जो मेहनत करेगा, उसे फल मिलेगा। सारे माँ के ही बेटे हैं। कोई अवतार नहीं है। उस शाम पता नहीं कैसे रामायण की तरफ चल पड़ी। एक चौपाई सुनाई:

जन्म-जन्म मुनि जतन कराहीं।
अंत राम कहिं आवत नाहीं।

तुलसीदास को गोस्वामी क्यों कहते हैं, अब तक समझ में नहीं आया है। कहीं इस बात का जिक्र नहीं है कि वे कोई गाय-वाय पालते थे। एक शादी की थी जो चली नहीं। सुनते हैं कि इसी खुंदक में रामचरितमानस लिख मारा। और लिखा भी ऐसा कि लोग संस्कृत वाले वाल्मीकि को एकदम से भूल गए। आगे हिंदी के जितने भी कवि हुए, राम से परहेज ही किया। सबको पता था कि महाकवि तुलसीदास जैसे बरगद के पेड़ के नीचे कुछ उगने वाला नहीं है। उल्टे जगहँसाई होगी। सैकड़ों साल से तुलसी के राम सब पर भारी हैं।

मैंने दो सवाल फौरन दाग दिए–मुनि ऐसा जतन करते ही क्यों हैं और राम के इतने नखरे क्यों हैं? बोली, सुनते हैं कि मरते समय राम का नाम लो तो बैकुंठ मिलता है। एन मौके पर उनका नाम याद इसलिए नहीं आता क्योंकि पिछले पाप के बारे में सोच कर नर्क जाने के डर से लोगों के होश उड़ जाते हैं। इतनी गहरी बात सुनते-सुनते मुझे कब नींद आ गई, पता ही नहीं चला।

लेकिन अगले दिन दोपहर ही मुझे इस तत्व-ज्ञान की दरकार पड़ गई। कुएँ पर नहाते पैर फिसल गया। अंदर जा पड़े। तैरना आता नहीं था। समझ में आ गया कि अंत समय आ गया है। कोई पाप जैसी चीज कर नहीं रखी थी सो राम झट-पट याद आ गए। पानी डुबोने से पहले तीन बार ऊपर की तरफ फेंकता है। इसको विज्ञान जो भी कहे, हकीकत में यह रियायत है कि बच सको तो बच लो। अनुभूति किसी ताड़ के पेड़ पर ऊपर-नीचे ससरने जैसी थी। मैं मजे में राम-राम कर रहा था। यह कोई वैकल्पिक चेतना की अवस्था थी। कोई भय नहीं था कि मर रहे हैं। कोई पीड़ा नहीं थी जबकि पानी फेफड़े में घुसा जा रहा था। किसी बात की जल्दी नहीं थी। सब-कुछ हो रहा था। मैं शांति से देख रहा था। तब तक गिरने की आवाज सुनकर भाई आ गया। तीसरी बार ऊपर आते ही धर लिया। मेरी बैकुंठ यात्रा बीच रास्ते रह गई। माँ डर गई थी। बोली अब के बाद मरने-मुरने की बात मेरे से न किया करो।

अगले ही साल मुझे बचाने बाला भाई एक बस दुर्घटना में चल बसा। मेरी उससे गहरी छनती थी। बहुत रोया। माँ तो चुप ही हो गई थी। शाम की कहानियाँ बंद हो गईं। सालों घर में कोई उत्सव नहीं मना। मैंने माँ को कई बार बताने की कोशिश की कि बाहर जो भी दिखता हो, मृत्य पीड़ादायक बिलकुल नहीं है। लेकिन मेरे पास वैसे शब्द नहीं थे। न ही सांत्वना देने की मेरी कोई उम्र थी।

घर पहले जैसा नहीं रहा।

बाद में मैंने 'नीयर-डेथ एक्सपीरिएंस' पर बड़ी किताबें पढ़ीं। ज्यादातर लोग, जो जीवनरेखा के उस पार आधा कदम रख वापस लौट आए थे, कहते

मिले कि धर्म के ठेकेदारों ने डराने के लिए जीवन से परे कोर्ट–कचहरी–जेल वाली दुनिया बना रखी है। हकीकत में यह नियत रेलवे स्टेशन पर तय समय पर उतर जाने जैसा है। यह यमदूतों के हाथ धरे जाना तो कतई नहीं है। उधर किसी थानेदार ने हमारा चालान नहीं काटना है। किसी कोर्ट में हमारी सुनवाई नहीं होनी है। और न ही कोई हमें कहीं किसी नरक में ठूँसने की तैयारी कर रहा है।

पानी में डूबने के साल–दो–साल बाद बारिश की एक शाम बिजली के तार से कार्बन छुड़ाने के चक्कर में झटका खा बैठा। बीस–बाईस घंटे बेहोश रहा। करेंट लगने के सात घंटे पहले का स्मरण जाता रहा। थोड़ा–थोड़ा याद है। भीगे बाँस से चलकर बिजली मुझसे होकर दौड़ी थी। इस बार का अनुभव भी कुछ ज्यादा भिन्न नहीं था। फिर वही वैकल्पिक चेतना वाली पीड़ाविहीन अवस्था थी।

सामान्यतया भगवान को हर बात पर तंग नहीं करने वाली नीति पर चलने वाली माँ के सब्र का बाँध उस दिन टूट गया था। अपने प्रिय राधाकृष्ण के मंदिर जाकर बैठ गई। मौन संवाद काम आ गया। मैं फिर बच गया। शुक्र है कि सात घंटे की याददाश्त ही गई। लाख कोशिश के बाद भी स्मृति बारिश से बचने के लिए पीपल के पेड़ के नीचे खड़े होने से आगे नहीं बढ़ पाई है।

इस घटना से दो बातें समझ में आईं। एक, हमारा होने का भाव हमारी स्मृति से जुड़ा है। यह नहीं तो हम भी नहीं। दूसरा, माँ होना बहुत कठिन काम है।

किस्मत अच्छी थी। जीवन–मृत्यु के चल रहे इस सतत खेल में मुझे कभी साँप ने नहीं काटा। वरना उस अधपागल औघड़ से तो भगवान भी नहीं बचा पाता। जब बड़ा हुआ तो पहले कभी भी मर जाने की संभावना से विचलित नहीं होने का फॉर्मूला ढूँढ़ा। जीने–मरने के बारे में एक परिकल्पना बनाई जो सरल थी। विभिन्न अनुभवों को पिरोकर चलती थी। इस पर मैं सहज भाव से विश्वास कर सकता था।

कहानी कुछ इस तरह से बनी:

दो धुरी—अच्छे-बुरे, ऊँच-नीच, कम-ज्यादा—के बीच में झूलने वाली इस दुनिया से परे कोई और दुनिया है, जहाँ भगवान जैसी चीज की चलती है। वो आर्टिस्ट टाइप का है। नई-नई चीजें बनाता रहता है। पंगे लेता रहता है। हमसे किसी दिन ऐसे ही चलते-फिरते टकर गया। जैसा कि अकसर होता है कि बड़े आदमी से मिलने से कोई-न-कोई नुकसान ही होता है। उस दिन भी ऐसा ही हुआ। पूछा एक नया ब्रह्मांड बनाया है, सुना है? सिर न में हिलाया। बोले, जाओ। देख आओ।

फिर क्या था? अगने ही पल इंटर-गलैक्टिक टूअर्स एंड ट्रैवल दफ्तर में पहुँच गया। बड़ा कहा कि रहने दो न, यहीं ठीक हूँ। डेस्क वाला बोला कि मेरी नौकरी खराब न करो। हारकर पूछा—कुछ आइडिया ही दे दो, कहाँ ठेल रहे हो? तारों की दुनिया में जूम करके उसने आकाशगंगा होते हुए सौर-मंडल का रुख किया। बोला, वो नीले रंग का लट्टू देख रहे हो? वहीं जाना है। अमेरिका, यूरोप, जापान को बाईपास करते हुए इंडिया पर आकर ठिठका। फिर इसके कुछ शहर जैसे दिख रहे इलाकों से बचते-बचाते एक जगह जाकर रुका जहाँ घुप अँधेरा था।

बुझे मन से पूछा—किस बात की सजा? जवाब मिला, क्या फर्क पड़ता है? कौन-सा हमेशा उधर ही रहना है? जाऊँगा कैसे पूछने पर बताया कि जाते ही वहाँ के क्लाइमेट के हिसाब से एक सेल्फ-डिस्ट्रॉइंग स्पेससूट मिलेगा, उसी में घुस जाना। उसे बातों में उलझाए रखा—वहाँ करना क्या है? जवाब मिला, सीक्रेट है फिर भी बता देता हूँ। भगवान ने यह जगह नई-नई बनाई है। जो ही टकरता है, उधर भेज देता है। आते ही पूछता है, कैसा लगा? जो तो कहता है कि बहुत अच्छा था, बड़ा मजा आया उसको तो गले लगाता है। जिसने जरा भी चूँ-चाँ की तो माइंड कर जाता है कि मेरे बनाए को खराब बोला, अभी बताता हूँ। फिर उसे उधर ही कहीं और भी उलटी जगह दे मारता है।

आखिरी सवाल पूछा, उधर कहाँ-कहाँ जाना है, वापसी की कोई तारीख? बोला कस्टमाइज्ड टूर है, जहाँ-जहाँ जाना है, जाते जाओगे। वापसी की तारीख

टॉप-सीक्रेट है, नहीं बता सकता। इसके आगे कुछ और पूछता, वैकल्पिक चेतना ने टेक-ओवर कर लिया।

मेरी पृथ्वी ग्रह की यात्रा शुरू हो चुकी थी।

यह मॉडल मुझे दुनिया को अधिक-से-अधिक अनुभव करने के लिए प्रेरित करता है। डर से मैं ज्यादा मीन-मेख नहीं निकालता। कहीं आदत पड़ गई और ऊपर यही मुँह से निकल गया तो? मरने का उतना डर नहीं। सोचता हूँ कि वापस ही तो जाऊँगा। पता है कि यह शरीर-दिमाग राकेट की तरह है। पृथ्वी ग्रह की यात्रा के लिए मिला है। इसका अस्तित्व यहीं तक है। यात्रा का उद्देश्य अच्छी कहानियाँ इकट्ठी करना है। भगवान को सुनाकर कि उसकी कृति कितनी अच्छी है, उसे खुश करना है। एक कलाकार की कमजोरी उसकी कला की प्रशंसा होती है। यही कर मुझे पुनर्जन्म के झंझट से छूटना है। कौन फिर महीनों पेट में पलेगा? चलना-फिरना, शिकार करना सीखेगा। पता नहीं अगले जन्म इंटर-गलैक्टिक टूर वाले की बात मुझे याद रहे न रहे। इसी दुनिया को अपना पक्का ठिकाना मानकर मरने और उससे जन्मे असंख्य भय से काँपता रहूँ।

जब हम कपड़े जैसी चीज नाप से सिलवाते हैं, तो जीवन और जीवन के बाद के अस्तित्व की संभावनाओं के बारे में हमारा कोई अपना मॉडल जरूर होना चाहिए जिस पर हम सहज विश्वास कर सकें।

उधार का जीवन दर्शन न हमें तसल्ली से जीने देगा और न ही चैन से मरने।

9 | मरजेंसी

राष्ट्र निर्माण मजदूरी का काम है।
सारे लगेंगे, तभी होगा।

जब होश सँभाला तो एक 'संपूर्ण क्रांति' जैसी चीज का बड़ा शोर था।

गाँव के लड़के बगल वाले शहर में जाते। लौटकर वीर-रस में तोड़-फोड़ की कहानियाँ सुनाते। कुछ के हाथ में लूट का सामान भी होता। एक बार तो ऐसा लगा कि फिरंगी सरकार के खिलाफ असहयोग आंदोलन चलाने वाले इसे रसोई के नलके की तरह बंद करना भूल गए हैं। कहते हैं असहयोग आंदोलन का नुस्खा बड़ा कारगर रहा था। 'जाओ हम तुमसे नहीं बोलते,' वाली रणनीति थी। आजादी की लड़ाई न थी, राधा-कृष्ण का रूठना-मनाना था। जो भी हो, सरकार से बात करने का यह तरीका लोगों को भा गया। तभी तो आजादी के सत्तर साल के बाद भी यह बदस्तूर जारी है। चिंता की बात है कि समय के साथ यह और भी उग्र होता जा रहा है।

कृष्ण जैसे बड़े हो गए हैं। अपनी जन्म देने वाली माँ देवकी के पास पहुँच गए हैं। अंग्रेजों का कोई भरोसा न था। पता नहीं कौन-सा सनकी जनरल कहाँ जलियाँवाला बाग कांड कर दे! जान है तो जहान है। लेकिन अब तो

अपने बाप-चाचे की सरकार है। अब काहे का डर? कृष्ण-देवकी संवाद जैसे बहुत तल्ख हो गया है—मेरे खिलोने दो नहीं तो घर ही फूँक डालूँगा। मुझे बलराम के साथ नहीं रहना। इत्यादि-इत्यादि।

लोग रातों-रात नहीं बिदके।

अंग्रेजों की लाठी-गोलियाँ खाईं। सोचा जब इनसे जान छूटेगी तो पेट-भर खाना खाएँगे। भूख-बेरोजगारी-बेगारी खत्म हो जाएगी। उन्हें भिड़ाने वालों ने भी बड़े-बड़े सब्जबाग दिखाए। अंग्रेजों के जाते ही संविधान के मार्फत सबको बराबरी का दर्जा दे दिया। साफ कर दिया कि अब बकरी बेखौफ शेर के घाट पर पानी पी सकती है। 'एक आदमी, एक वोट' की नीति से सबको सरकार का बराबर का शेयरहोल्डर बना दिया। घोषणा हो गई कि बड़े-बड़े कारखाने खुलेंगे। सबको काम मिलेगा। बड़े-बड़े डैम बनेंगे। हर खेत को पानी मिलेगा। अमीरी जल्दी ही रिस-रिस कर नीचे तक पहुँच जाएगी। कोई गरीब नहीं रहेगा। कोई भूखा नहीं मरेगा।

लेकिन जोश में जितना कह दिया, कर नहीं पा रहे थे। ऐसे में लोगों को खुश रखने के लिए सियासतदानों ने कोरे आश्वासनों की मीठी गोली ईजाद कर डाली। उसे पेटेंट भी करवा लिया। जेब भर-भर कर चलते। जो ही टकरता उसे पकड़ा देते। कुर्सी जाने के भय से ये वो न कह पाए जो एक खाते-पीते देश का सरमाएदार खुलेआम कह रहा था:

'यह न पूछो कि देश तुम्हारे लिए क्या कर सकता है। यह बताओ कि तुम देश के लिए क्या कर सकते हो?'

वो था तो रंगीनमिजाज, लेकिन बात पते की कहता था। रूस से भिड़ते-भिड़ते बचा। कुछ करने का ज्यादा मौका नहीं मिला। दो-तीन साल में ही उसकी खुली गाड़ी पर किसी ने गोली दाग दी। मियाँ-बीवी साथ थे। लेकिन जैसा कि अकसर होता है पूरा का पूरा नुकसान भले आदमी का हो गया। उसका बाप बड़ा होशियार था। कहते हैं कि बेटे की गद्दी उसी की करामात थी। इतना बड़ा जुगाड़ू था कि अगर अपने ड्राइवर को भी चुनाव लड़वाता तो वो भी जीत जाता।

गोली देने का खेल दस-बीस साल से ज्यादा न चलना था, न चला।

हुकूमत करने के लिए देश चाहिए। अंग्रेजों ने कहा जितनी मर्जी, बना लो। हम तो चले। सिगार-सिगरेट के शौकीन और पेशे से वकील एक सनकी सियासतदान को गवर्नर जनरल बनने का शौक चढ़ गया। उसका दिल रखने के लिए दो दूर-दराज के इलाकों को मिलाकर एक अलग मुल्क बना दिया गया। तर्क यह था कि ऊपरवाले के बारे में इन इलाकों के ज्यादातर लोगों का आइडिया एक-सा है। पहले दिन से ही डोलने लगा। फौजियों ने आव देखा न ताव, चढ़ बैठे।

अब तोपची हुक्मरान हो तो लड़ने के लिए एक अदद दुश्मन तो चाहिए ही। यह जानने के लिए किसी शोध की जरूरत नहीं है कि इतिहास में हम अब तक के सबसे शरीफ दुश्मन हुए हैं। सो, हड़बड़ा कर हमसे ही भिड़ गए। तब से लगे हुए हैं। टूट गए हैं पर अकड़ नहीं गई है। लगता है कि पिटने का शौक पाल लिया है। अभी भी ख्वाब ले रहे हैं।

वैसे एक जुगाड़ से देश के लिए कत्लो-गारत कराने वाले को उसके किए की अच्छी-खासी सजा मिली। पहली बीवी तो पहले ही मर गई। दूसरी छोड़ गई। बेटी ने भी घास नहीं डाली। टीबी, फेफड़े के कैंसर, न्यूमोनिया जैसी बीमारियों से मरते-मरते वजन छत्तीस किलो का रह गया था। कुर्सी हथियाने के बमुश्किल एक-सवा साल के अंदर-अंदर ही निबट लिए। लेकिन पीछे आग ऐसी लगा गए कि लाखों अभी भी झुलस रहे हैं। फौजियों ने गरीबों को मजहब का झुनझुना पकड़ा रखा है। बहका रखा है कि काफिरों को मारोगे तो हूर-जन्नत मिलेगी। अपने लिए तीन-तीन मुल्कों में ठिकाना बना रखा है। एक रणनीति के तहत शोर मचाने वाले मध्यम वर्ग को कस के नाथ रखा है।

इधर अपने देश में भी आजादी के बीस-पच्चीस साल होते-होते लोगों का धीरज डोलने लगा था। ऐसा न था कि कुछ भी नहीं हुआ था। बस लोगों की उम्मीदें कुछ ज्यादा थीं। हर कोई जल्दी-से-जल्दी सब-कुछ पा लेना चाहता था। सात पुश्तों का प्रबंध कर लेना चाहता था। मिडिल-क्लास फन काढ़ चुका था। सरकार से बनिए-सा हिसाब लेने को आमादा था।

आते-जाते धरना, प्रदर्शन, जुलूस, हड़ताल जैसे शब्द कान में पड़ने लगे थे। ज्यादा समझ में तो नहीं आया, लेकिन इतना जरूर लगा कि कुछ गड़बड़ है, जिसे ठोक-पीट कर ठीक करने की जुगत चल रही है। वैसे यह तरीका कोई नया नहीं था। घर में नेपाल से खरीदा नेशनल पैनासोनिक ब्रांड का एक जापानी रेडियो था। बजाने के दो तरीके थे। एंटेंना को एडजस्ट करो। अगर इससे बात नहीं बनती तो रेडियो को जोर का चपेट मार दो। इस तरह से भी ये कई बार बज उठता था। मुझे लगा कि लोग सरकार के साथ भी कुछ ऐसा ही करने के मूड में हैं।

कई साल बाद समझ में आया कि असली खेल कुछ और ही था।

हुआ कुछ यूँ कि हिटलर की मार से बेहाल अंग्रेजों से अपना बोझ तो सँभाला नहीं जा रहा था। फिर अमेरिका-रूस ने कहा कि अकेले कब तक घटोसोगे? इन कोलोनियों का बाजार हमारे लिए भी खोलो। उन्हें तो जाना ही था। सो उन्हीं के स्कूल-कॉलेज में पढ़े लीडरों और अपने चाटुकार रजवाड़ों को झोला पकड़ा चलते बने। शुरू के दिन बड़े मजे में कटे। 'हनीमून पिरियड' था। ऊपर से लोग माने बैठे थे कि अब अपनी सरकार है। हमारी फिक्र में ही दुबली हो रही है। हुआ इसके उलट। रजवाड़ों ने खादी ओढ़ ली। चुनाव लड़ने-जीतने लगे। बाकी छोटे-बड़े जमींदारों-साहूकारों ने भी रजवाड़ों की तर्ज पर राजवंश की स्थापना कर ली। खुद तो पिले पड़े थे ही, बच्चों को भी साथ लगा लिया। बड़े-छोटे नए राजवंश सपरिवार लोगों की सेवा में जुट गए।

तब तक जुगाड़ू लोग काफी तादाद में पैदा हो गए थे। सबके लिए ऊपर जगह बन नहीं पा रही थी। उनको लगा कि ऐसे तो वो पिछलग्गू ही बने रहेंगे। क्यों न कुछ ऐसा करें कि अपनी सरकार बने। सलाम-सैल्यूट मिले। हमारे बच्चे भी खानदानी कहलाएँ।

गरीब इस बात पर खफा थे कि यह कैसी आजादी है? अमीर और अमीर हो रहा है और गरीब और गरीब। नोबेल प्राइज जीतने वाले एक अर्थशास्त्री साइमन कूजनेत्स ने कहा तो था कि जैसे ही किसी गरीब देश की दशा सुधरती है तो कुछ समय लिए ऐसा होता ही है। आर्थिक विषमता अंग्रेजी के

'उलटे यू' अक्षर के रास्ते कम होती है। शुरू में बढ़ती है। फिर जैसे-जैसे विकास का पहिया आगे बढ़ता है, गरीबी-अमीरी की खाई भी पटने लगती है। लेकिन उसकी सुनता ही कौन था? भूखे-गरीबों के वश का इतना गूढ़ ज्ञान कहाँ था? मायूस खड़े थे। नए ख्वाहिशमंदों ने आव देखा न ताव, उनको सरकार से भिड़ा दिया।

पड़ोसी को हाल में ही धुनने वाली सरकार कहाँ चुप बैठने वाली थी। गर्मी चढ़ी ही थी। कुछ दिन तो बर्दाश्त करती रही। फिर एकदम से पिल पड़ी।

एक दिन सुनाई पड़ा कि कोई 'मरजेंसी' नाम की चीज लगा दी गई है। बदमाश टाइप के लड़के जो शहर से कभी घड़ी, कभी रेडियो, कभी पंखा उठा लाते थे, घर बैठ गए। गला-फाड़ ब्रिगेड या तो धर लिये गए या अंडरग्राउंड हो गए। आग उगलते अखबार को ठंडा कर दिया गया। जब बड़ा हुआ तो सुनने में आया कि मरजेंसी में बड़ी ज्यादती हुई। उस समय हमारे गाँव में भी हल्ला मचा था कि खलासी का काम कर रहे एक भले मगर गरीब कुँवारे लड़के की 'फैमिली प्लानिंग' कर दी गई है।

गरीबी एक पैकेज डील की तरह है। एक लो, बाकी सब मुफ्त। इसे तो खरीदने की भी जरूरत नहीं है। बस थोड़ा ठग-बदमाश की सोहबत, कुछ अपना बेवकूफी-लालच-सुस्ती का टेलेंट, गरीबी राजधानी एक्सप्रेस की मानिंद धड़धड़ाती पहुँच जाती है। यह जितनी आसानी से आ धमकती है, उससे कई गुना मुश्किल से पीछा छोड़ती है। पलक झपकते ही अपने पराए हो जाते हैं। माँगने पर सिवाय जलालत के कुछ नहीं मिलता। गाली-गलौज, मार-कुटाई रोज की किस्मत बन जाती है। व्यवस्था का तकाजा होता है कि गरीब कमरतोड़ मेहनत के बाद पैर सिर पर रखकर गायब हो जाएँ। क्योंकि अगर सरकारी जमीन पर टिक गए तो 'एनक्रोच्मेंट'। निजी जमीन में तो घुस ही नहीं सकते। सीधे-सीधे 'क्रिमिनल ट्रेसपास' है।

यह तो समझ में आ गया कि इन गरीबों ने शायद कोई बड़ी खता की होगी जो इनको पृथ्वी ग्रह का ऐसा कष्टकारी टूर अलॉट हुआ। लेकिन पल्ले यह नहीं पड़ा कि ऊपर लोग ज्यादा ठग-बदमाश हैं कि भगवान ही कुछ ज्यादा गुस्सैल है। थोड़ी इधर-उधर की नहीं कि दे मारता है।

गरीबी का जिक्र चार्ली चैप्लिन जैसे मसखरे को भी गुस्सा दिला गया था। कहते हैं कि उसके शुरुआती दिन बड़े क्लेश में बीते थे। किसी तरह अमेरिका में घुसा। हँसने-हँसाने का धंधा बढ़ाया। बड़े पैसे बनाए। वापस इंग्लैंड आया तो अपने पुराने झोपड़े की तरफ गया। जैसे कि आजकल ट्वीटर पर फोलोइंग बढाने के लिए चालाक-किस्म का आदमी सबसे ज्यादा उफन रहे ट्वीट पर कोई वाहियात-सा कमेंट कर देता है, जॉर्ज बर्नार्ड शॉ ने अखबारों में हाँक दिया कि चैप्लिन को गरीबी अभी भी बड़ी प्यारी लगती है। सूचना के लिए बर्नार्ड शॉ अंग्रेज था और नाटक लिखता था। बड़ी मुश्किल-मशक्कत से अपने लिए जगह बनाई थी। भड़काऊ बयानबाजी का खासा शौकीन था।

चैप्लिन ने अगले दिन सारे अखबारवाले बुला लिए। शॉ को आड़े हाथों लिया। बोला, सबको बता दो कि मैं गरीबी कतई पसंद नहीं करता। कोई कर भी नहीं सकता। कारण? ये अमीरों के बेहतर होने के छलावे को बल देता है।

खैर, फैमिली प्लानिंग के तथाकथित कुँवारे शिकार की शादी हुई। बच्चे भी हुए। लोग तरह-तरह की बातें करते थे। वैसे वो मुझे बाकी निट्ठलों से अच्छा लगता था। उसकी उम्र के ज्यादातर लड़के ताश खेलते, भांग-गाँजा पीकर पड़े रहते और लड़ाई-झगड़ा करते-कराते रहते थे। इसके उलट, वो रोज काम पर जाता। शाम को कहीं से पीकर जरूर आता। जो ही मिलता उसे नोट दिखाकर कहता कि मेरी शादी करवा दो। भाई-बाप से बचाकर पैसे बीवी को भी दूँगा।

मरजेंसी के नाम पर सुनते थे कि रेलें टाइम पर आने लगी हैं। कर्मचारी दफ्तर जाने लगे हैं। पाँच-सूत्री कार्यक्रम से देश बुलेट की रफ्तार से आगे बढ़ रहा है।

एक बार दुर्गा पूजा में मेला देखने बगल वाली शहरनुमा जगह जा रहे थे। रेलवे क्रॉसिंग पर गाड़ी रुकी। बड़े-बड़े होर्डिंग लगे थे:

अनुशासन ही देश को महान बनाता है।

दूसरे पर लिखा था:

आपातकाल की उपलब्धियाँ.......

इसके पहले कि आगे पढ़ पाता, फाटक खुल गया। गाड़ी आगे बढ़ गई। ठीक आगे सरकारी रोडवेज की लाल बस थी। उसके पीछे एक बड़ा लाल त्रिकोण बना था। नीचे लिखा था–हम दो, हमारे दो। आगे सुनने में आया कि आपातकाल, जिसे अंग्रेजी में इमरजेंसी और बोलचाल में मरजेंसी बोलते थे, में डरे सरकारी कर्मचारियों ने टारगेट पूरा करने की गरज से जो दो नहीं थे और जिनके एक भी नहीं था, उसको भी खस्सी कर दिया था। मुझे कोई अचरज नहीं हुआ। उनसे कभी कोई अपना काम तो ठीक से हुआ नहीं। ये कहाँ से करते? उन्हीं का किया-धरा है कि एक सौ तीस करोड़ का आँकड़ा छू लेने के बाद भी क्या मजाल कि कोई पार्टी जनसंख्या नियंत्रण को चुनावी मुद्दा बनाने की हिम्मत कर ले।

कौन समझाए कि गेहूँ उगाने वाली जमीन पश्चिम वाले पड़ोसी देश में चली गई है। चावल वाला बेल्ट पूरब में अलग देश बन चुका है। खुद ही डीटीसी बस की तरह ठूँस-ठूँस कर भरा है। अपनी जमीनें टुकड़े-टुकड़े हो रही हैं। हरित क्रांति और कितना क्रांति करेगी? चर्चिल को सही साबित करना क्या इतना जरूरी है? मोबाइल-कंप्यूटर कोई खाने की चीज है? जीओगे कैसे?

दो-ढाई साल बुलडोजर फेरने के बाद एक दिन बड़े स्तर पर यह फैसला हुआ कि चलो लोगों से पूछ लेते हैं कि नया तजुरबा कैसा लगा? उनके लिए यह नया था ही कहाँ! अंग्रेजों को तो ढोल-बाजे के साथ विदा किया था। उनके ट्रेलर भर दिखाने वाले की बड़ी बेइज्जती की।

लेकिन लोगों को जल्दी ही पता चल गया कि नए वालों से तो अपना बोझ ही नहीं सँभाला जा रहा। सरकारी मशीनरी एक जुगाड़ जैसी थी जो सड़क पर फट-फट करती, भांग पिए नशेड़ी की तरह कभी इधर, कभी उधर जा रही थी। इसमें सवारी बनकर कोई राजी न था। सारे स्टीयरिंग पर ही हाथ आजमाना चाहते थे। ऐसी गाड़ी कितने दिन चलती? दो-ढाई साल भी न खीच पाई। मिस मारते-मारते एक दिन भड़-भड़ाकर बिखर गई।

लोगों के पास कोई चारा न था। अंग्रेज मुश्किल से पीछा छुड़ाकर भागे थे। बुलाने पर भी न आते। सो थक-हारकर जिसे दो-ढाई साल पहले खदेड़ा था, उसे ही वापस बुला लिया। बूढ़े और अधेड़ जिन्होंने अंग्रेजों को भुगत रखा था, कहते फिरने लगे कि इससे तो फिरंगी ही अच्छे थे। चला तो लेते थे।

कोई कहने वाला नहीं था कि राष्ट्र-निर्माण कोई सरकारी पुल नहीं जिसे कोई कंस्ट्रक्शन कंपनी बना देगी। ये तो मजदूरी का काम है। सब लगेंगे तभी होगा।

10 | भला आदमी

निडरता एक खौलते तेल की कढ़ाही है। इसमें काबिलियत का कोई भी माल-पुआ छाँका जा सकता है।

लड़ाई कोई हो, दाँव-पेंच अपने होने चाहिए।

मेरी माँ ने एक ड्रिल बना रखी थी। जैसे ही हममें से कोई चौदह साल का होता, गर्मी की छुट्टियों में दस दिन का घर-निकाला दे देती थी। कई शर्त भी लगा देती थी। जैसे कि डेढ़ सौ किलोमीटर के दायरे में फटकना नहीं। किसी रिश्तेदार या जान-पहचान वाले पर लदने की दरकार नहीं है। दादी, जिसे हम मामा कहते थे, नाराज होती कि ये बच्चे को मरवा देगी। उसपर कोई असर न होता। कहती कि अगर भगवान ने बेटा बोल के दिया होगा तो सात समुंदर पार से वापस लौट आएगा। नहीं तो यहीं बैठे-बैठे मर लेगा। मैं क्या कर लूँगी? कुछ करना है तो बाहर निकलना पड़ेगा। मेरे पल्लू में बँधने से कुछ नहीं मिलेगा। मेरे मामले में और भी सख्त थी। उसे डर था कि मैं कहीं घर-घुस्सू न बन जाऊँ।

उसमें एक तानाशाह के सारे गुण थे। कहती कुछ ऐसे अंदाज से थी कि बहस या मोल-भाव की कोई गुंजाइश ही नहीं रहती। पहले ही काफी रियायतें ले चुका था। दिमाग अब इस तरफ चल पड़ा कि इस फरमान पर अमल कैसे करें?

मेरी एक पहलवान टाइप के लड़के से दोस्ती थी। तगड़ा और हौसले वाला था। दो-चार को अकेले सँभाल लेता था। मार-धाड़ भरे इलाके में इस तरह के जुगाड़ बड़े काम आते थे। उसकी वजह से लड़ाई की नौबत ही नहीं आती थी। ऊपर से मेरी शोहरत एक होनहार और कुछ बड़ा करने ही वाले की बन चुकी थी। इस बात का भी फायदा मिलना शुरू हो गया था। कभी बोली तो नहीं पर पहलवान की माँ यह चाहती थी कि किसी तरह उसके बेटे का दिमाग भी छुरी की तरह तेज हो जाए। मैं सीधे उसके घर पहुँच गया। उसकी माँ को सुनाकर बोला कि दस दिन के लिए बाहर जा रहा हूँ। फौरन असर हुआ। बोली इसे भी साथ ले जाओ। पहला मोर्चा पलक झपकते ही मार लिया। एक से भले दो हुए। खुशी दोगुनी हो गई जब पहलवान की खुराक को देखते हुए उसकी माँ ने पाँच सौ का बजट भी आवंटित कर दिया। उन दिनों यह बहुत बड़ी रकम हुआ करती थी। मेरे तीन सौ मिलाने के बाद पैसों का टोटा भी जाता रहा। मैंने ज्यादा देर करना मुनासिब नहीं समझा। डेढ़ सौ किलोमीटर से परे शहर की अगली ट्रेन पकड़ ली।

रास्ते में ऐसा कुछ नहीं हुआ जैसा अकसर फिल्मों में दिखाते और उपन्यासों में पढ़वाते हैं। कहीं कोई डाका न पड़ा। न ही कोई परी गाना गा-गाकर मूँगफली बेचती मिली। कोई मुँहफट पान चबाती जेबकतरी भी नहीं दिखी। वैसे पहलवान फुल अलर्ट पर था। हम नियत समय से तीन घंटे देर से एक सौ तिरपन किलोमीटर की यात्रा सात घंटे में पूरी कर गंतव्य तक पहुँच ही गए।

गर्मी की दोपहर थी। लू चल रही थी। पहलवान वैसे तो बोलता कम था। पर मौके की नजाकत को देखते हुए उसने दिमाग पर जोर देना शुरू कर दिया था। बोला एक ओवरसीयर है। गाँव की तरफ का है। चूँकि वह दूसरी उपजाति का है सो टेक्निकली हमारा रिश्तेदार नहीं हुआ। कभी मिले नहीं हैं सो जान-पहचान का भी नहीं हुआ। उसके यहाँ रात काटी जा सकती है। मुझे भी बात जँच गई। सोचा, आज का इंतजाम हो जाए। कल की कल देखेंगे।

भरी दोपहरी में छह किलोमीटर पैदल चल कर हमने आखिर उसका घर ढूँढ़ ही लिया। दो कारण से हमें गर्मी का पता ही नहीं चला। एक तो

रास्ते में तरह-तरह के होर्डिंग, बैनर लगे हुए थे। उस जमाने में भी उस पर छप कर तरह-तरह की लड़कियाँ रंग-बिरंगे, छोटे-मोटे कपड़े में सर्फ के डब्बे से लेकर रिन की टीकिया बेच रही थीं। उन्हें देखते-पढ़ते कब रास्ता कट गया पता ही नहीं चला। दूसरे, घर पता करने के चक्कर में बीच-बीच में कई लोगों से पूछ-मत करनी पड़ी। मिशन कामयाब रहा। हमने समय से पहले चैन की गहरी साँस ली।

खटखटाने पर नाइटी पहने एक पैंतीस-चालीस साल की महिला ने दरवाजा आधा खोला। कभी मिला नहीं था लेकिन अंदाजे से लग गया कि यह ओवरसीयर की घरवाली है। पैर दरवाजे के अंदर था सो चरण-स्पर्श का स्कोप नहीं था। नमस्ते से वो पिघली नहीं। लगभग डाँटने वाले अंदाज में पूछी-कहाँ से आए हो, क्या चाहिए? अब हम कोई हनुमान तो थे नहीं कि राम-मुद्रिका दिखा कर हिसाब साफ कर लेते। बोले फलाँ गाँव से आए हैं, चाचा से मिलना है। दो टूक बोली, घर पर नहीं हैं। बात कुछ जँची नहीं। कोई महल तो था नहीं। दो कमरे और एक बरामदे का किराए का घर था। कोई चाचा-नुमा चीज गंजी-लुँगी में दरवाजे के सामने वाली चौकी पर पीठ सामने किए पसरकर पंखा झल रही थी। बगल में टेढ़ी एंटेना वाला जापानी रेडियो था जिसमें कुछ बज नहीं रहा था। बिजली शायद यहाँ भी गई हुई थी।

पहलवान अब तक पूरा चार्ज हो गया था। भोलेपन से पूछा-चाचा मर गए क्या? अब क्या था। चाची बमककर जोर-जोर से चीखने-चिल्लाने लगी। आधी गाली हमें और आधी चाचे के गाँव-खानदान को देने लगी।

दरअसल नौकरी, शादी और शहर में शिफ्ट होने के बाद घर में लड़कों की औकात धेले भर की नहीं रह जाती है। रातों-रात खजाने पर कब्जा हो जाता है। अबला नारी दुर्गा बन जाती है। साले-साली, सास-ससुर जगह भरने और नैतिक समर्थन देने आ धमकते हैं। लड़के के घरवालों की हैसियत हिटलर के समय में जर्मनी के यहूदियों जैसी हो जाती है। वे अपने बेटे-भाई के घर में ही दूसरे दर्जे के नागरिक हो जाते हैं। स्थिति में जरा-भी परिवर्तन की छोटी-से-छोटी कोशिश बड़ा तूफान खड़ा कर देती

है। देर-सवेर लड़के को भी अपने घरवालों में दुनिया भर के खोट नजर आने लगते हैं। समर्पण कर देता है। खुशी-खुशी युद्धबंदियों की जिंदगी जीने लगता है।

चाचा की हालत हमें कुछ ज्यादा ही पतली लगी।

बाद में पता चला कि इलाके के लोगों को ओट कर चाची तंग हो चुकी थी। लोगों ने उसके घर को फौजियों का ट्रांजिट कैंप बना डाला था। किसी को इलाज कराना हो तो उसके घर। कहीं दाखिला दिलाना हो तो उसके घर। कोई बस-ट्रेन छूट गई तो उसके घर। डकार मार-मार कर खाते। खर्राटे भर-भर कर सोते। चाची के सब्र का बाँध जल्दी ही टूट गया। एक दिन ओवरसीयर को बोली कि यह ड्रामा बंद करो। चाचा ने ट्रैक-टू नीति लागू कर दी। ठेकेदारों पर बेगार डालना शुरू कर दिया। फलाँ को यहाँ-वहाँ टिका दो। फलाँ के खाने-पीने का इंतजाम कर दो। वो कहाँ कम थे। घूस के पैसे में से बढ़ा-चढ़ा कर काटने लगे। यह तरीका भी घाटे का साबित हुआ। चाची अब तक झंझट-मुक्त जीवन की अभ्यस्त हो चुकी थी। दोबारा घर का दरवाजा खोलना संभव न था। चाचा खुद विलेन बनना नहीं चाहता था। एक सोची-समझी रणनीति के तहत चाची को आगे कर दिया। वो अपना मन बना चुकी थी। सोच लिया कि अनजान लोगों से अच्छा कहलाने के लिए पिदने से अच्छा है कि साफ मना कर दें। 'मेरी तबियत ठीक नहीं है। साहब घर पर नहीं हैं। घर में जगह नहीं है' जैसे दाँव सख्ती से खेलने लगी। लोग झाँसे में नहीं आए। बदले में चाचा को मौगा, बीबी का गुलाम, नालायक, कुल का कलंक जैसी उपमा देकर पूरे इलाके में बदनाम कर दिया। उसका गाँव आना-जाना लगभग छूट ही गया।

लेकिन उस दिन चाची से एक सामरिक चूक हो गई। चाचा सामने परोसा हुआ था। उसके घर पर नहीं होने का गलत दाँव खेल गई। पहलवान अड़ गया। चाची के चीखने-चिल्लाने से बिलकुल विचलित नहीं हुआ। बोला कि चाचा अगर जिंदा है तो सामने पड़ा है। अगर मर गया है तो उसका भूत है। घर पर नहीं हैं का क्या मतलब? और आप चिल्ला कैसे रहे हो? खाते-पीते घर के हैं। हमारे पास चाचा से दुगनी जमीन है।

इस सारे प्रकरण में चाचा ने करवट बदलना भी उचित नहीं समझा। पीठ अड़ाए, पड़े-पड़े पंखा झलता रहा। चाची एक कठपुतली सरकार के बेलगाम सेनाध्यक्ष की तरह गोली-बारी करती रही। इस बम-चीख में घंटे निकल गए। इधर शुरू से ही कोई संभावना नहीं थी। रात गुजारने के लिए कोई और ठिकाना ढूँढ़ने निकल पड़े। पहलवान के हौसले का कायल तो मैं पहले से था। उसके बेखौफ तर्क की काबिलियत मेरे लिए नई थी।

उस दिन एक और बात मेरी समझ में आ गई कि निडरता एक खौलते तेल की कढ़ाही है जिसमें काबिलियत का कोई भी माल-पुआ छाँका जा सकता है।

अभी के जमाने का शहर होता तो सौ नंबर घूम गया होता। पुलिस आ गई होती। हम दोनों उचित सत्कार उपरांत सरकारी मेहमान बन चुके होते। अगर गाँव होता तो ये नौबत आती ही नहीं। खाट बिछ गई होती। हैसियत के मुताबिक तर-माल परोसा जा चुका होता। चाची यह ताड़ने में जुट जाती कि इसमें किसकी शादी किससे करवाई जा सकती है। न वो शहर रहा, न वो गाँव। अब तो पैसा फेंको, तमाशा देखो वाली बात हो गई है।

बात आई-गई हो गई। उन दस दिनों में हम पक्के होकर लौटे। सोचा जी भरकर माँ को कहानियाँ सुनाऊँगा। पहुँचते-पहुँचते शाम हो गई। माँ बोली, खाकर सो जाओ। सवेरे तुम्हारी बात सुनेंगे। वो सवेरा पंद्रह साल के बाद आया। तब तक मैं जिले का एसपी लग चुका था। एक दिन सवेरे-सवेरे पकड़ लिया। अच्छे मूड में थी। मुस्कुरा कर बोली 'अच्छा बताओ, उन दस दिनों में क्या-क्या हुआ था?' बालों में हाथ फेरती रही। मेरी बात सुनती रही। चाची वाली बात पर बहुत हँसी।

इससे पहले जब मैं आईपीएस में भर्ती हुआ तो चाचा विशेष रूप से मिलने आए। वर्षों पहले की दोपहर की तकरार उन्हें याद नहीं थी। मैं भूला न था। बोले, बेटा मेरे घर पैर जरूर रखना। हम धन्य हो जाएँगे। मैंने भी देरी नहीं की। वर्षों पहले जिस दरवाजे से बेआबरू कर निकाले गए थे, वहाँ भक्ति-भाव से आरती उतरवाकर हिसाब बराबर करने की जल्दी थी। नियत

दिन मैं और पहलवान पहुँच गए। चुनाव जीतने के बाद नेताजी के धन्यवादी दौरे वाला माहौल था। पूरा मोहल्ला इकट्ठा कर रखा था। दो-तीन ठेकेदार ड्यूटी बजा रहे थे। चाची पर समय की मार पड़ चुकी थी। फैशनपरस्त थी। ब्यूटी पार्लर ने भी मोर्चा सँभाला हुआ था। लेकिन ढहती इमारत को रंग-चूना कितना बचा सकता है?

आज की तो बात ही कुछ और थी। फूली नहीं समा रही थी। साफ था कि उन्हें पिछला वाक्‌युद्ध बिलकुल याद नहीं था। घटना के अंतराल और पुनर्मिलन के स्वभाव में इतना फर्क था कि बताए बगैर याद आना असंभव था। या फिर गाँव के इतने ढीठों से वो इतना लड़ चुकी थी कि हिसाब रखना भूल गई थी। पूरी खातिरदारी के बाद सबसे परे एक कोने में ले गई। रो-रोकर कहने लगी कि आपके चाचा सीधे हैं। दफ्तर में लोग इनसे जलते हैं। दुश्मनों ने इनकी इंकवारी खुलवा दी है। फिर अधिकार से बोली कि अब तो तुम्हें ही बचाना है। नहीं तो हम दोनों तुम्हारे घर आकर बैठ जाएँगे। मैंने तथास्तु कह ईश्वरत्व का क्षणिक आनंद लिया। फिर उनके धमक पड़ने की धमकी से घबराकर उनके सामने ही बचावी कार्रवाई शुरू कर दी।

दोनों मौकों पर चाची जीती, मैं हारा। भले आदमी का जमाना न कभी था, न आएगा।

11 | लगे रहिए

सिर्फ शुरू कर देने से कुछ नहीं होता।

एक बड़ा नामी चीनी 'क्वोटबल क्वोट' है—हजारों मील की यात्रा पहले कदम से शुरू होती है।

मुझे शक है कि जिसने भी यह ज्ञान बघारा है उसने कभी कोई यात्रा-वात्रा की थी। की होती तो जरूर कहता कि लंबी यात्रा है, कम-से-कम एक कंगारू टाइप छलाँग से तो शुरू करो ही करो।

ये 'क्वोटेबल क्वोट' भी एक बड़ा गोरखधंधा है।

हर ऐरे-गैरे का कहा क्वोट नहीं माना जाता। इसके लिए कोई बड़ा तीसमारखाँ होना जरूरी है। फिर एक अदद चेंपने में उस्ताद स्पीच-राइटर और एक चुस्त-चालाक पीआरओ भी चाहिए, जो समय-समय पर मौके के हिसाब से पहले से ही हिट क्वोट को झाड़-पोंछकर, नया, अपना बताकर स्वामी के मुख-श्री से चुपके से सरकवा दे। नए का क्या भरोसा? चले न चले। कुछ तो ऐसे-वैसे भी बाजार में छोड़ दे जो श्रीमंत के मुखारविंद से कभी फूटे ही न थे। अगर कोई ऐरा-गैरा कमाल की बात कहने की जुर्रत कर भी दे तो झटपट उसे स्टार्ट-अप कंपनियों की तरह झपट ले। इसके पहले कि किसी और को कानों-कान खबर हो, फटाफट अपना बताकर चला दे।

किसी कद्रदान के न मिलने की सूरत में अच्छा-से-अच्छा क्वोट भी लावारिस हो जाता है। ताउम्र लावारिस ही रहता है। हर बड़ी चीज की तरह क्वोट का भी एक नामी कुल में पैदा होना जरूरी है। तभी वह परमज्ञान के पद को प्राप्त कर सकता है।

क्वोट का इंटरनेट पर मल्टी-ब्रांड सुपरमॉल खुला हुआ है। जिसे भी, जो भी, जितना भी चाहिए, मुफ्त में ले जाओ। जान से मार देने से लेकर दूसरों के लिए जान दे देने के बाबत क्रमशः दिल दहला और बेसाख्ता रुला देने वाले हजारों-लाखों क्वोट बस एक क्लिक मात्र पर मिल जाएँगे। एक ही महान आदमी के ज्ञान के भंडार की अगर ठीक से पूरी तलाशी ली जाए तो वहाँ उलट के पक्ष में भी उतने ही क्वोटबल क्वोट मिलेंगे, जितने कि पुलट के। जरूरत के हिसाब से भुना लो। बिना खर्चे के इससे ज्यादा और क्या मिल सकता है?

वैसे तो यहाँ हर कोई ठाला बैठा मिलता है। लेकिन हर कोई यह भी कहता मिलेगा कि भाई टाइम की बड़ी शॉर्टेज है। इस बात को ध्यान में रखते हुए स्पीच राइटरों ने क्वोट की जगह जुमले उछालने शुरू कर दिये हैं। ज्ञान तीन-चार शब्दों में ही समेटना है। यह नई कम्युनिकेशन स्ट्रैटेजी है। खूब बिक रही है। लंबे-लंबे क्वोट गूगल के सौवें पेज में धूल फाँक रहे हैं। छोटे क्वोट, जिन्हें कभी बड़ी हिकारत की नजर से देखा जाता था, जुमले के कास्ट्यूम में जलवे बिखेर रहे हैं। क्लिक करते ही लपककर स्क्रीन पर आ जाते हैं।

एक बार जब यह साफ हो गया कि मैं क्या 'बड़ा' बनने वाला हूँ तो मेरे जानने-पहचानने वाले लोगों ने फौजियों की तरह पोजिशन लेनी शुरू कर दी। चाहने वालों ने मूँछों पर ताव देना शुरू कर दिया कि अब सबको देखेंगे। कुढने-चिढने वाले दहक उठे कि ऐसा थोडे न होता है। बीच वाले हमेशा की तरह कौतूहल से पूछने लगे कि ये हो क्या रहा है? कुल मिलाकर सब कुछ पहले जैसा नहीं रहा। सब अपने हिसाब से अपनी जगह से एक बार हिल गए।

मैं आदमी से स्काइलैब हो गया जिसके गिरने के बारे में उस जमाने में बड़ी-बड़ी अफवाहें चलती थीं। सूचना के लिए स्काइलैब एक अमेरिकी

सैटलाइट था। इसके बारे में उन दिनों यह शोर मचा रहता था कि यह बिगड़े जवान बेटे की तरह कंट्रोल से बाहर हो गया है। मरेगा, मारेगा। धरती पर गिरने ही वाला है। प्रलय आ जाएगी। सारे मर लेंगे।

गाँव के एक ट्रक ड्राइवर की बीवी वैसे तो होशियार थी लेकिन जीने-मरने की बात पर पंडितों से कम में न मानती थी। इस बारे में तोंदियल पंडित से पूछने गई। फिर क्या होना था? छह महीने के राशन का पैसा परलोक सुधारने पर खर्च हो गया। पंडित द्वारा स्काइलैब गिरने के तय दिन बचे-खुचे पैसे से उसने अपनी पसंद का हलवा-पूड़ी छाँका। पंडित को जिमाया। खुद भी छक कर खाया। समय से दो घंटे पहले शादीवाला लाल जोड़ा पहन, नाक-माँग में सिंदूर भर और सारे असली-नकली सोने के जेवर पहन 'परलय' के इंतजार में बैठ गई। पूरा दिन गया। पूरी रात निकल गई। स्काइलैब कहीं और, किसी और दिन गिरा। वो बच गई। प्रलय नहीं आने का इतना अफसोस और नुकसान आज तक किसी और का न हुआ होगा। अगल-बगल से उधार ले-लेकर जैसे-तैसे दिन काटे। छह महीने बाद जब ट्रक-ड्राईवर पति, जिसे वो लाड़ से 'डलेवर बाबू' बुलाती थी, आया तो उसके आने का पता सारे गाँव को उसी दिन चल गया। उसने बीवी को दौड़ा-दौड़ा कर और पंडित को लिटा-लिटा कर कूटा।

गाँव के ठाले-बैठे दो भागों में बँट गए। एक धड़े ने फौरन नैतिक समर्थन दे दिया। उन्हें संभावित फायदों का खयाल था। जो पिटने वाले टाइप के थे, यहाँ भी चूक गए। जो कभी उनके बाप ने न किया, वो करने लगे। गाँव के कोशी-बाँध निर्मित ज्ञानियों के साथ शोध करने लगे कि आईपीएस-आईएएस आखिर होता क्या है और मेरे उसमें सलेक्ट होने के कितने चांस हैं?

कई उत्साहवर्धक नतीजे निकले। पहले तो उन्होंने इस बात पर तसल्ली की साँस ली कि मैं अभी ग्रेजुएट भी न था। दूसरा, मुख्यमंत्री के बेटे का नहीं हुआ तो मेरा कहाँ से होगा? इलाके के एक खानदानी लीडर की बात कर रहे थे। पढ़े-लिखे थे। थोड़े समय के लिए इस बड़ी कुर्सी को भी नवाजा था। तीसरा, जिस कॉलेज में मेरा दाखिला था वहाँ पचास-साठ साल के इतिहास में इसके किसी बीए पास ने अब तक यह परीक्षा भी नहीं दी

थी। पास करना तो बहुत दूर की बात थी। खुश थे। लेकिन मुझसे डरे हुए भी थे। क्या भरोसा?

उनके डरने का एक और कारण पहलवान भी था। उसको मेरी किसी बात पर तनिक भी शक न था। खुलकर समर्थन में आ चुका था। सामने राय-शुमारी की किसी की हिम्मत नहीं थी। उसका हाथ-पैर दिमाग से पहले और ज्यादा चलता था। लोग पीठ पीछे उसे मेरा पिछलग्गू और बॉडीगार्ड बताने लगे थे। उसे पता था। लेकिन कभी इसकी परवाह नहीं की। उसने गहरे कुएँ से बाहर निकलने की रस्सी देख ली थी। कसकर पकड़ लिया था।

कौन कहता है कि पहलवान दिमाग का भी मोटा होता है?

कॉलेज-यूनिवर्सिटी के लोग दूरदर्शी थे। उन्हें पता था कि जो कुछ वो पढ़ा रहे हैं उससे दूब भी न उखड़ेगा। वहाँ कुर्सी तोड़ रहे ज्यादातर ने नौकरी प्रसाद रूप में पाई थी। तिकड़म के अलावा कुछ और जानते न थे। सिलेबस पूरा कराने के नाम पर परीक्षाएँ आगे सरकाते रहते। उत्तर-पुस्तिका इतनी बारीकी से जाँचते कि सालों लग जाते। रिजल्ट तो किसी दिन यमराज की तरह अचानक प्रकट होता। ज्यादातर अपने नालायक होने का पक्का सरकारी प्रमाण-पत्र ले बची-खुची बेइज्जती कराने घर को जाते थे। हमेशा की तरह लेक्चरारों के ज्यादातर बच्चे कुछ मेहनत, कुछ जुगाड़ से बॉलीवुड़ के फिल्मी परिवारों के शोहदे बच्चों के मानिंद क्षितिज पर नए सितारे बन कर उभरते थे।

हजारों मील की यात्रा असल में एक संकल्प से शुरू होती है और थके-बगैर चलते रहने से खत्म होती है। सिर्फ शुरू कर देने से कुछ नहीं होता।

12 | चतुरों से जरा सँभल के

चेले के भेष में टकरे उस्ताद को पहचान कर उसे समुचित सम्मान देना चाहिए।

चेला अगर चीनी हो जाए तो ज्यादातर गुरु खुंदक में अपना आटा गीला कर लेते हैं।

जब मैं छोटा था, मदारी बंदर-बंदरिया का खेल दिखाने आता था। सारा कमाल डंडे, इशारे और डमरू का होता था। हम इसे बंदर-बंदरिया की कला समझने की भूल कर बैठते। लेकिन मदारी भूलकर भी यह भूल नहीं करता। बंदरों की जोड़ी को खाना हमेशा कम और खेल दिखाने के बाद देता। सारी वसूली अपनी जेब में रखता। और सोंटा हमेशा हाथ में। मदारी का खेल चलता ही इससे था। मान लें कि किसी 'जेनेटिक म्यूटेशन' से बंदर गोरिल्ला बन जाता। ख़ुद ही बड़े स्टेज पर शो करने लगता और उसके खाते में पैसा बरसने लगता। मदारी उस हाल में क्या करता? शर्तिया, सब-कुछ भूलकर, जान बचाकर सबसे पहले वाली पतली गली से सरक लेता।

जब गुरु चेले का पालन-पोषण करता है तो रंग-ढंग कुछ और होता है। मोटी-मोटी पोथी पढ़कर अपने को ज्ञानी समझने लगता है। बड़े-बड़े प्रवचन सुनकर बहक जाता है। अपने को भगवान से भी ऊपर ठोक देता है।

बलिहारी गुरु आपकी गोविंद दियो बताय।

चतुर चेला ताड़ लेता है कि फुर्ती से कट लो नहीं तो जिंदगी-भर जुए में जोतता रहेगा। जब तक बछड़ा रहता है, चारे के चक्कर में खूँटा बर्दाश्त करता रहता है। साँड हुआ नहीं कि सींग भिड़ा देता है। गुरु को तब भी अक्ल नहीं आती कि अब दिन लद गए हैं। गियर बदल लो।

सवाल यह है कि आखिर गुरु होता क्या है और इसकी जरूरत क्यों पड़ती है?

आदमी पैदा होते ही बीमारी से बचने के लिए तरह-तरह के टीके लगवाता है। उसके उलट एक बीमारी लगवाने के लिए घड़ी-घड़ी इंजेक्शन लेता रहता है। यह है कामयाब होने की हनक। संक्षेप में, येन-केन-प्रकारेण जितनी जल्दी और जितने हो सकें उतनों के सिर पर तबला बजाने का जुगाड़। जो जहाँ है वहीं पर अपने को जीरो पर सेट समझता है। वहीं से पैसे, प्रसिद्धि और पावर की दौड़ शुरू कर देता है। जो ठिठक जाता है लोग उसे काहिल, आलसी, बेवकूफ, बुद्धू पता नहीं क्या-क्या कहकर कोसते हैं। पैदल वाला साइकिल, साइकिल वाला स्कूटर, स्कूटर वाला कार, कार वाला जहाज की तरफ दौड़ा जाता है। कहीं जाना हो या नहीं, बस चाहिए। इसी तरह पंखेवाला कूलर, कूलरवाला एसी और एसीवाला सेंट्रल एसी के चक्कर में चक्कर खाता रहता है। जबकि उसे पता है कि नींद किसी और वजह से आती या नहीं आती है।

व्यापारियों ने आदमी के हैरान-परेशान रहने के इस विचित्र शौक को तरक्की के नाम से प्रचारित-प्रसारित कर रखा है। खूब चाँदी कूट रहे हैं।

जिंदगी न हुई पहाड़ की चढ़ाई हो गई। धक्कम-पेल मची है। कमजोर, कम-अक्ल रौंदे जा रहे हैं। पहाड़ के शीर्ष पर जगह थोड़ी-सी जो है। सबको ऊपर चढ़कर नीचे छूट जाने वालों को हिकारत की नजर से देखने की जल्दी है। मोटरवाला साइकिलवाले को नकारा समझता है। बिजनेस क्लासवाला इकॉनमी क्लासवाले को।

गुरु इस काम में तिकड़म की पुड़िया बाँटता है। ऊपर तेजी-से चढ़ने

के नुस्खे बताता है। टैक्टिक्स सिखाता है कि कैसे कमजोरों को कुचला जाए, बेवकूफों को लूटा जाए और जल्दी से एक चकाचौंध वाली जिंदगी हासिल कर ली जाए। सयाना चेला जल्दी-से-जल्दी, ज्यादा-से-ज्यादा भकोसकर आगे लपक लेता है। अहंकार में डूबा गुरु सोचता है कि शिखर पर पहुँचकर चेला उसे भी गाजे-बाजे के साथ ऊपर ले जाएगा। सबको बताएगा और बताता ही रहेगा कि उसकी तरक्की किस तरह से गुरु और मात्र गुरु की ही कृपा है।

बौड़म इंतजार ही करता रहता है। कभी चिमटा, कभी पैर पटकता है।

गुरु-चेले का गठजोड़ गोली-बंदूक की जुगलबंदी है। गोली शेर को ढेर करती है। कुछ समय तक नाम बंदूक का होता है। धीरे-धीरे गोली गोला हो जाता है। शेरों के झुंड के झुंड खुद ही उड़ा सकता है। अब उसे बंदूक में घुसना गँवारा नहीं। ऐसे में बंदूक अगर गरम होकर धुआँ छोड़ती रहे तो गोले को कोई फर्क नहीं पड़ने वाला।

सयाना गुरु चाबुक छोड़ कामयाब चेले की तेल मालिश शुरू कर देता है। झूठी-सच्ची तारीफों के गुड़-चने खिलाना शुरू कर देता है। चेला भी खुश होकर कुछ-न-कुछ कह-कर देता है। गुरु साथी गुरुओं से दौड़ में आगे निकल जाता है। कामयाबी की चाह में चटक रहे नए चेले दरवाजा पीटने लगते हैं।

कच्चा गुरु चेले से रीस रखने लगता है। जो भी सुने उसे सुनाने लगता हैं कि कैसे उसने एक कोयले के टुकड़े को तराश कर हीरा बना दिया। सबको उसकी कमियाँ गिनाता है। कोई-कोई तो गम खा जाता है। अंदर-बाहर घुटते-घुटते एक दिन खुद ही फुँक जाता है। नई दुनिया में रम चुके चेले को पता भी नहीं होता कि पीछे गुरु पछाड़ें खा रहा है। अगर होता भी है तो वो तब तक इतनों को लूट चुका होता है कि गुरु भी उसे असंख्य ठगे गए बेवकूफों में एक लगने लगता है।

गरीबी की गर्त से निकले एक महँगे खिलाड़ी ने दूर देश जाकर एक चिकनी-चुपड़ी हीरोइन से शादी की। उसे कहाँ याद होगा कि उसे बल्ला

पकड़ना किसने सिखाया। बड़े लोगों का एक क्लब है। एक खास जगह में रहते हैं। आपस में ही मेल-जोल रखते हैं। छोटे लोग तो गिनती मात्र के लिए हैं, जिन्हें देख-देख वे बड़े होने की 'फील' लेते हैं।

मेरे गुरु ऐसे न थे।

प्राइमरी स्कूल वाले बड़े पारखी थे। हिसाब बनाने से ज्यादा मेरे खुशी-खुशी उससे भिड़ जाने की हौसले की कद्र करते थे। मेरा मुझमें विश्वास बढ़ाना उनको खूब आता था। कभी कुछ पढ़ाने की बात तो की ही नहीं। साथ सीखने का स्वाँग करते। मुश्किल सवाल हल करने की चुनौती देकर खिसक लेते। हमेशा मुझे ड्राइविंग सीट पर रखा। कभी कहीं ठोक भी दिया तो जिक्र मेरे हुनर का ही करते।

हाई स्कूल में एक उदारमना शिक्षक मिले। जोर-जोर से बोलने की आदत थी। सबका मजाक बनाते। अपना भी। समझने वाले समझते थे कि दिल के अच्छे हैं। हँसाने के लिए जोकर बनते-बनाते हैं। मुझसे विशेष लगाव रखते थे। स्कालर्शिप के लिए कोई नेशनल टेलेंट सर्च परीक्षा होती थी। सेंटर दूर था। साथ गए। दोनों के रेल का टिकट अपने पैसे से खरीदा। बड़े सँभाल कर रखा। बोले जब तुम बड़े आदमी बन जाओगे, मैं तुमसे मिलने आऊँगा। तुम्हारा दरबान मुझे रोकेगा तो यही टिकट दिखाकर उसे डाँटूँगा।

उस परीक्षा में एक सवाल यह भी था कि रेल का स्लीपर किस लकड़ी से बनता है। अच्छा मजाक था। जैसे स्कूली छात्रों में से बढ़ई के लिए असिस्टेंट ढूँढ़ रहे थे।

बात आई-गई हो गई। बरसों बाद जब मैं एएसपी लगा तो एक दोपहर संतरी ने आकर कहा कि कोई सठियाया बूढ़ा है। रेल का टिकट दिखाकर अंदर आना चाहता है। समझ गया कि गुरु पधारे हैं। बाहर की ओर दौड़ा। अमूमन हल्ला-गुल्ला मचा कर हँसने-हँसाने वाले गुरु उस दिन लिपट कर बड़ा रोए। सपने सच होने की खुशी क्या होती है उस दिन उनकी आँखों में देखा।

मैं जो भी, जहाँ भी हूँ वहाँ पहुँचाने में हजारों हाथ लगे। मैं मानता हूँ अन्यों के प्रति मेरी भी यही जिम्मेदारी है। कोई गाड़ी अगर खड़ी है तो

धक्का मार कर स्टार्ट कर दिया। अब स्वाभाविक है कि ड्राइवर गाड़ी लेकर आगे को जाएगा। अपनी बाकी यात्रा पूरी करेगा। ये कोई बात तो न हुई कि वो खड़ा-खड़ा 'थैंक यू' बोलता रहे। जाने के बाद भी इसी काम में लगा रहे।

मैं गुरु-चेले के मकड़जाले से दूर ही रहा।

जिनको गुरु बनने का शौक है उन्हें चेले के भेष में टकरे दूसरे उस्ताद को दूर से पहचान लेना चाहिए। अखाड़ा चलाए रखने की गरज से दाँव-पेंच सिखाने का स्वाँग तो ठीक है लेकिन जीतने वाले गुर भूलकर भी नहीं सिखाने चाहिए। इतिहास गवाह है कि जिसने भी जाने-अनजाने उस्ताद टाइप के चेलों को सारे दाँव-पेंच सिखा दिए, उसकी बहुत बुरी बनी।

13 | सरकारी नौकरी

परीक्षा पास करने वाली पढ़ाई और सरकारी नौकरी की चाहत ने देश का चक्का जाम कर रखा है।

एक बड़ा सवाल है कि जब भारी-भरकम फौज और लोमड़ी से चतुर, नामी-गिरामी राजे-तानाशाह-बगावती-जेहादी हलकान हो गए तो ये भगवान आखिर कब तक टिकेगा। गैलप न्यूज के हालिया ओपनियन पोल में हालात बिगड़ते दिख रहे हैं।

एक दुनिया है। बाकी चीजों के अलावा इसमें बहुत सारे जीव-जंतु-जानवर भी हैं। आदमी इसमें सबसे शातिर है। पैदा सबसे कमजोर होता है। बैक्टीरिया से लेकर मच्छर, बिच्छू से लेकर साँप और शेर से लेकर हाथी कोई भी, कहीं भी, कभी भी इसका चुटकियों में काम तमाम कर सकता है। अपने पैरों पर खड़ा होने में यह सबसे ज्यादा समय लगाता है। किसी लायक तो इनमें से कोई-कोई ही बन पाता है। कुल-मिलाकर इससे तगड़े और फुर्तीले प्राणियों और इसके देखे-अनदेखे दुश्मनों से दुनिया भरी पड़ी है। फिर भी इसने सबकी ऐसी-तैसी फेर रखी है। कबूतर, बाज, कुत्ते, गधे, घोड़े, हाथियों को हजारों साल अपनी लड़ाई लड़वाई। बैक्टीरिया-वायरस को इंजेक्शन देकर सुला दिया। शेर और बाघ की हालत ये कर दी है कि वे इसकी दया पर जीते हैं, इसका दिया खाते हैं। चीते और हाथी जैसे खूँखार जानवर इसके

रहमो-करम पर हैं। ये पलक झपकते नदी सुखा सकता है। पहाड़ तोड़ सकता है। एटम, जो दिखता भी नहीं, को फोड़कर सारी दुनिया को छह हजार बार उड़ा सकता है! जितने औजार और इलेक्ट्रॉनिक गजेट टीवी सीरीयल में देवता इस्तेमाल करते दिखते हैं, सारे के सारे इसने खुद के लिए बना लिए हैं। धड़ल्ले से और सस्ते में उनका इस्तेमाल कर रहा है। चाँद पर चढ़ आया है। मंगल को टटोलने में लगा है। अब तो भगवान भी डरा बैठा होगा कि किसी दिन ये बैकुंठ में सीधे न लैंड कर जाए।

इतना ऊधम मचाने के बाद भी अब तक इसकी इतनी औकात नहीं है कि एक मुँह से छाती ठोक कर बोल दे कि डारविन ठीक बोलता था। उस तरफ चल जरूर पड़ा है।

गैलप न्यूज के ओपीनियन पोल में अमेरिका जैसे पढ़े-लिखे देश के सौ में से अड़तीस लोगों ने कोई भी पंगा लेने से साफ मना कर दिया। बोले भगवान ने आदमी को बनाया है, बस। इतने ही लोगों ने कहा कि भगवान ने शुरू में बनाया तो है लेकिन बाद वाला काम डारविन के हिसाब से हुआ लगता है। उन्नीस शेर के बच्चों ने जिगरा दिखाया। हड़का दिया कि भगवान को अपने पास रखो। आदमी बंदर से निकला है। यह खतरे की घंटी है। सैंतीस साल पहले इसी पोल में ऐसे लोगों का प्रतिशत नौ का ही था। अगर बगावत की रफ्तार यही रही तो लगता है कि अगले करीब सौ साल में भगवान का हाल भी शेर-बाघों वाला होने वाला है।

बगल वाले देश, जिसे हमने पाकिस्तान के पंजे से बड़ी मुश्किल से छुड़ाया था, के एक नामी अर्थशास्त्री ने नई बहस छेड़ रखी है। गरीबों को बैंक से छोटा-मोटा लोन देने की वकालत करते हैं। 'सोशल बिजनेस' की बात करते हैं। कहते हैं कि व्यापार का मकसद गरीबों का भला होना चाहिए, मुनाफाखोरी नहीं। दुखी है कि इतना नाम-गाम होने के बाद भी इनके कहे मुताबिक काम नहीं हो रहा। आजकल एक नया शोशा छोड़ रखा है। बोलते हैं कि आदमी बिजनेस करने के लिए पैदा हुआ है, नौकरी ढूँढ़ने के लिए नहीं। बड़े-बड़े इनाम जीते हैं। ब्रांडेड आदमी हैं। लोग शिष्टाचारवश सुन लेते हैं। अखबार वाले छाप भी देते हैं। लेकिन इसका मतलब यह थोड़े है कि घर बैठे बुद्धू बन जाएँ। जमा-जमाया राज-पाट छोड़ दें।

हमारे कॉलेज के दिनों में ऐसी बेकार की बात कभी भी कही-सुनी नहीं गई। जहाँ तक पढ़ाई-लिखाई की बात थी, आधी आबादी को तो स्कूल के दर्शन ही नहीं होते थे। होश सँभालते ही लड़कियाँ चूल्हे-चौके में, लड़के मजदूरी, खेती-बाड़ी में लग जाते थे। तेरह-चौदह साल में शादी। अगले साल बच्चे। पच्चीस के होते-होते आज-कल के साठ जैसे दिखने लगते थे। उनके बच्चे दोबारा उसी चक्रव्यूह में फँस जाते थे। इसे भेदना बड़ा दुश्वार था। प्रवचन करने वाले इसे भगवान की मर्जी और पिछले कुकर्मों का फल बताकर उन्हें शांत रखते थे। जिन्होंने किन्हीं कारण स्कूल जाना शुरू भी किया तो राकेट के पे-लोड की तरह क्लास-दर-क्लास अपने-अपने कारणों से अपने-अपने ऑर्बिट में रिलीज होते जाते थे।

कॉलेज मुट्ठी भर ही पहुँच पाते थे। वो भी विविध कारणों से। किसी का बाप मोटे दहेज के चक्कर में उसको यहाँ टाँगे रखता था। शादी हुई नहीं कि बस्ता गोल। कोई खेती-बाड़ी के काम से बचने के चक्कर में बाप को गोली देकर कॉलेज में पढ़ाई के नाम पर शहर में आकर पड़ा रहता। कइयों का एकमात्र मकसद आवारागर्दी था। बहकाने के लिए लड़के और छेड़ने के लिए लड़कियाँ एक ही जगह मिल जाती थीं। सही में पढ़ने वाले थोड़े ही थे, जो ज्यादातर कॉलेज के लेक्चरारों के ही नौनिहाल थे। इनके बाप की सेटिंग यूनिवर्सिटी में होती थी। कुछ घर का डंडा, थोड़ी-बहुत मेहनत और ज्यादातर चाचा लेक्चरारों का लाड़-प्यार, रिजल्ट इनका अव्वल आता था। इनका भी कहीं-न-कहीं कम-से-कम लेक्चरार लगना तो पक्का ही होता था।

पढ़ाने वाले और भी कम थे। जो थे भी, वे ट्यूशन जैसी प्राइवेट प्रैक्टिस पर ज्यादा जोर देते थे। इसमें मोटी कमायी थी। तनख्वाह तो कभी-कभार कॉलेज झाँक आने से भी मिल जाती थी। वैसे यह अपने काम में ईमानदार और उसूलों के पक्के थे। रेट के हिसाब से पास, सेकंड या फर्स्ट डिविजन कराने का ठेका लेते थे। एक बार पैसा पकड़ लिया तो काम हुआ समझो। चाहे इसके लिए उन्हें अपनी मूल प्रकृति के विरुद्ध जाकर पढ़ाना पढ़े, प्रश्न-पत्र लीक कराना पड़े, परीक्षा में नकल करानी पड़े या फिर कॉपी जाँच रहे लेक्चरार से नंबर बढ़ाने के लिए सेटिंग करनी पड़े। इनकी इसी कर्तव्यपरायणता की वजह से इनकी दुकान सालों-साल जमी रहती थी। व्यावहारिकता की बात इन तक

ही सीमित नहीं थी। कई मनचले टाइप के लड़के तो ट्यूशन उन्ही से पढ़ते थे जिनके यहाँ नैन-मटक्के का भी जुगाड़ होता था। ऐसे खतरों से अपने घर की इज्जत महफूज रखने के लिए वे कहीं दूर किराए पर दुकान-सी जगह ले लेते थे। वहीं ज्ञान बाँचते।

भारत की शिक्षा के इतिहास का वो 'ट्यूशन युग' था। इक्का-दुक्का 'गेस पेपर' लिखने-छापने की ईकाई भी खुल चुकी थी। 'कोचिंग युग' का उद्भव हो चुका था। लेकिन अभी वो राजधानियों तक ही सीमित था।

ऐसे में बांग्लादेशी अर्थशास्त्री की ये बात कि आदमी बिजनेस करने के लिए पैदा हुआ, नौकरी मजबूरी में करता है, कुछ जँचती नहीं है। हमारे यहाँ तो यह एक जाति-विशेष का जन्मजात काम है। इसमें हजार झिक-झिक हैं। बड़ी मेहनत है। कोई इज्जत भी नहीं है। यहाँ अगर कोई बात जमती है तो वो यह कि आदमी पैदा होता है सिर्फ सरकारी नौकरी करने के लिए। जिन्हें मिल गई, वो मुक्ति पा गए। बाकी जीवन-भर इस अफसोस में जीते हैं कि भाग्य और सरकार ने उन्हें एक पक्की सरकारी नौकरी से महरूम रख उनके साथ बड़ा अन्याय किया है। बात यहाँ तक बढ़ गई है कि लोग जातियों में बँटकर जोर-जबरदस्ती से इसमें अपना हिस्सा लूटने को आमादा हैं। कभी रेल-सड़क रोक देते हैं। कभी शहर के शहर फूँक देते हैं। कभी कोर्ट-कचहरी में बहस करते हैं। कभी राष्ट्रीय राजधानी पर सीधी चढ़ाई कर देते हैं। जनता की सेवा के अवसर के लिए अपना सर्वस्व निछावर करने के इस सामूहिक जज्बे को देखकर मेरा दिल श्रद्धा से भर जाता है। आँख छलक उठती है।

ऐसे में जब कहीं 'ईज ऑफ बिजनेस' का कोलाहल सुनाई पड़ता है तो चौंक उठता हूँ। नीति-निर्धारकों की दूरदर्शिता का कायल हो जाता हूँ। शायद उन्हें आस-पास कहीं रोजगार सृजित करने को उद्धत स्टार्ट-अप उद्यमियों की भारी भीड़ दिखाई पड़ रही है। व्यवसाय करना सरकारी नौकरियों से आसान और आकर्षक हो गया है।

मुझे विश्वास है कि लोगों की मन:स्थिति को बदलने के लिए भी वे कुछ जरूर कर रहे हैं। उन्हें यह बता रहे हैं कि सरकार रोजगार की स्थिति पैदा कर सकती है। काम तो उन्हें खुद ही करना-ढूँढ़ना पड़ेगा।

14 | एक जिताऊ विचार

मात्र एक विचार आदमी को जिता सकता है।
आपका कौन-सा है?

किसी भी समस्या के अनगिनत समाधान होते हैं। कोई जरूरी नहीं कि जो सबसे महँगी हो, वही सबसे कारगर भी हो।

यूपीएससी से मेरा मलयुद्ध शुरू हो गया था। सूचना के लिए यह दिल्ली में पड़ाव डाले कुछ चले कारतूसों की फौज है। सालों-साल परीक्षा-इंटरव्यू लेने में मशगूल रहती है। सरकार को बड़े अफसरों की सप्लाई करती है। इसकी शुद्धता पर लोगों को बड़ा भरोसा है। जिस पर स्टैम्प मार दे उसकी मार्केट-वेल्यू रातों-रात बढ़ जाती है। देखते-देखते आदमी मरियल से दंगलमार महाबली हो जाता है। एक परीक्षा-मात्र पास करने से मकड़ी-काटा स्पाइडरमैन हो जाता है। जाति-मुहल्ले वाले बिना बहस के उसे अपना पालनहार मान लेते हैं। ढोल-नगाड़े बुला लेते हैं। जलसे करने लगते हैं। अमूमन किसी की भी नहीं सुनने वाले बुद्धिजीवी उसे 'सोसाइटी की क्रीम' घोषित कर देते हैं। लड़की वाले लाइन लगा देते हैं। प्रेमिका अगर हो तो डर जाती है कि कहीं फुर्र न हो जाए। घर में भी लोग 'साहब' बुलाने कहने लगते हैं। बाप भी नए सोशल स्टेटस और मोटे दहेज की सोचकर फैल जाता है।

जाहिर है कि सिविल सेवा परीक्षा जो इतना सब एकमुश्त देती है,

टेढ़ी भी होगी। सालों-साल चले एक सर्वे में यह दुनिया की तीन सबसे जटिल परीक्षाओं में एक पायी गई है। इसमें कोई अचरज नहीं होना चाहिए। सरकारी नौकरी के प्रति हमारा अगाध राष्ट्रव्यापी प्रेम जग-जाहिर है। हर माँ-बाप की यही इच्छा होती है कि उनको एक बेटा जरूर हो और वो एसपी-कलेक्टर ही बने। फिर सर्वे में भाग लेने वाला दुनिया का हर चौथा फुरसती आदमी अपना ही होता है। रिजल्ट तो यह होना ही था।

उन दिनों गूगल तो था नहीं। इतना कहीं आना-जाना भी नहीं था। जानकारी के हिसाब से जो कुछ पल्ले पड़ जाए उसी से काम चलाना पड़ता था। पास वाले शहर में एक भाई-टाइप थे। राष्ट्रीय राजधानी की एक नामी यूनिवर्सिटी में पढ़ते थे। उनका बड़ा मान था। इस बात के लिए कि उन्होंने इस विकट परीक्षा में बैठने का हौसला दिखाया था। उनसे मिला। सज्जन थे। मैंने उनको पूरा खोद डाला। हौसला और किताबी ज्ञान तो ठीक है। लेकिन प्रैक्टिकल नॉलेज भी कोई चीज होती है! औरों की तरह उन्होंने मुझे 'छोटा-मुँह-बड़ी-बात' वाली हिकारत की नजर से नहीं देखा। बोले, 'जो लगे रहते हैं, बाजी मार लेते हैं। मैं रह गया क्योंकि छलाँग मारने में देर कर दी।'

इधर गोतिया वाले बड़े परेशान थे। एक चचेरा चाचा था। दुनिया में ऐसा कोई कारोबार नहीं था जिसमें उसने मुँह नहीं मारा था। ढाबा चलाने, झोला-छाप डॉक्टरी से लेकर टमटम जोतने में एक समान नाकाम रहा था। अब मुफ्त में सबको राय दिया करता। अगर बड़े शहर में होता तो कन्सलटेंट कहलाता। बड़ा माल कूटता। यहाँ मुफ्त की रोटियाँ तोड़ता, बूढ़े बाप की गालियाँ खाता था। चाची रोती थी कि कैसे पजामे से शादी हो गई। उसने पूरे दो दिन मेरे भाई को भड़काया-इतना पैसा काहे खर्च रहे हो? ताड़ पर चढ़ाना ठीक नहीं है। गिरेगा तो रद्दी हो जाएगा।

मेरा भाई सरकारी नौकरी में था। मुझसे बड़ा स्नेह रखता था। घर के पीछे की जमीन किसी और की थी। मैं बचपन में अकसर कहा करता कि इसको भगा क्यों नहीं देते? उतनी दूर रहने वाले की जमीन यहाँ होने का क्या मतलब है? हँसकर कहता कि जब तुम बड़े हो जाओगे तो ऐसा ही करेंगे।

मेरा हर तरफ का हारा चचेरा चाचा हर जगह की तरह यहाँ भी नाकाम रहा। भाई ने कहा–भिड़ जाओ, हम साथ हैं।

जब भी मैं सिविल सेवा परीक्षा के सिलेबस–किताब रूपी महासागर में प्रश्न-पत्र रूपी टापू को देखता तो पता नहीं क्यों मुझे डर नहीं लगता था। ऊपर से हँसी आती थी कि क्या राई का पहाड़ बना रखा है। एकाध बार जरूर लगा कि कहीं मैं इसे कम कर तो नहीं आँक रहा? फिर यह सोचकर तसल्ली हो जाती थी कि परीक्षा ही तो है। कोई राकेट थोड़े न बनाना है। जांनने वाली चीज समझकर याद रखनी है और पूछने पर बता देनी है। विषय वही चुना जिसे मैं स्वयं ही समझ सकता था। सबसे ज्यादा इस बात की तसल्ली थी कि मैं अपने को एक अव्वल दर्जे का परीक्षामार खान समझता था। यह बात मुझे कभी गले नहीं उतरती थी कि दुनिया में ऐसी भी कोई परीक्षा है जिसमें मैं सौ में पचास-पचपन नंबर नहीं ला सकता। पक्का यकीन था कि ऐसा न कभी हुआ है और न आगे होगा।

यूनिवर्सिटी वाले भी मजाक करना नहीं भूलते थे। पास कोर्स की परीक्षा लेते, रिजल्ट देते ही साढ़े तीन साल लगा दिए। मैंने भी टोटके का खयाल करते हुए सूबे की राजधानी में बड़ी मशक्कत के बाद किराए पर एक कमरा ढूँढ़ लिया। सन् छिहत्तर में बड़ी भारी बाढ़ आई थी। उन्हीं दिनों के लिए मकान मालिक ने यह पहली मंजिल पर डब्बानुमा कमरा डाल रखा था। टोटका इस बात का कि जब तक महात्मा बुद्ध की तरह नदी-जंगल-पहाड़ नहीं छानेंगे, महाज्ञान नहीं मिलेगा। पढ़ाया जाना हमारे वश का था नहीं। दो-चार साथी बन भी गए थे। लेकिन ज्यादातर समय एकाकी में बीतता था।

थोड़ा-थोड़ा समझ में आने लगा था कि 'कमीशन की तैयारी' एक राष्ट्रीय महापर्व है। सालों-भर चलती रहती है। लाखों इसमें अपनी बुद्धि लड़ाते हैं। सोया भाग्य जगाने के लिए रात-रात भर जागते हैं। कई इसी बहाने दस-बारह साल मजे में काट लेते हैं। बड़े पहलवान को चैलेंज करना और उससे पिट जाना भी बड़े हौसले की बात होती है। जो इस लड़ाई में खेत रहते हैं उनमें से कुछ बांग्लादेशी अर्थशास्त्री के कहे मुताबिक कोचिंग का कुटीर उद्योग

खोल लेते हैं। अच्छा खा-पी लेते हैं। रोना रोने के लिए एक प्लेटफॉर्म मिल जाता है सो अलग। पढ़ाने के नाम पर कहानियाँ सुनाते हैं कि कैसे एक नंबर से रह गए, कैसे इंटरव्यू में मारे गए, वगैरह, वगैरह।

किताबों की दुकान वाले कॉपीराइट एक्ट की माँ-बहन करते हुए महँगी किताबों की फोटोस्टेट निकालकर बेच रहे थे। उन्हें इतना अनुभव हो गया था कि नवसिखुओं को गाइड भी करने लगे थे। यूनिवर्सिटी के पास वाली दुकान पर भीड़ लगी रहती। बहस छिड़ी रहती थी कि इस बार किस शहर से कितनों ने यूपीएससी क्लीयर किया? कौन-सा सबजेक्ट स्कोरिंग है? इधर किस-किस का सलेक्ट होना श्योर-शॉट है? कौन बेकार में मुँह मार रहा है? इत्यादि-इत्यादि।

बुद्धत्व के उस दौर में कई बातें इकट्ठे मेरी समझ में आ गईं। एक, नामी-गामी कॉलेजों के तेज-तर्रार लड़कों को अपनी पड़ी थी। सारे किसी तरह से सरकार में घुसने की फिराक में छापे पर छापा मारे जा रहे थे। ज्ञान-गंगा से जितनी जल्दी हो सके दूर चले जाना चाहते थे। शायद ही कोई था जिसकी शोध जैसी बेकार की चीजों में कोई रुचि थी। दूसरे, यूपीएससी पर चढ़ाई के लिए जगह-जगह छावनियाँ बनी हुई थीं। यहाँ नए-पुराने रंगरूट कोचिंग वालों की धुन पर कदम ताल कर रहे थे। तीसरे, सिविल सर्विस की परीक्षा ने देश को टूटने से बचा रखा था।

प्रजातंत्र में लोगों की चुनी सरकार होती है। पाँच-दस लाख चुनाव की तैयारी में लगे होते हैं। पचास-साठ हजार पंच, सरपंच, पार्षद, मेंबर, चेयरमैन, पार्टी पदाधिकारी, समिति सदस्य, एमएलए, एमएलसी, एमपी, मंत्री इत्यादि में फिट हो जाते हैं। इनके लिए बहुत जरूरी है कि देश सलामत रहे। नहीं तो इनका खर्चा कौन भरेगा? यूपीएससी के चक्कर में भी जनता की सेवा को आतुर पाँच-दस लाख तेज-तर्रार लड़के-लड़कियाँ सालों-साल लगे रहते हैं। आठ सौ से हजार हर साल एडजस्ट भी हो जाते हैं। बचे में से अच्छे-खासे कुछ-न-कुछ कर ही लेते हैं। बाकी इसे किस्मत का खोट या अपना दोष समझ मलाल में पूरी जिंदगी काटते हैं। इनकी सात-आठ साल में इतनी मरम्मत हो जाती है कि ये कुछ बनें-न-बनें, बागी तो बनने से रहे। इन्हें हर बात के

लिए अपनी कमी और कमनसीबी को दोष देने की आदत पड़ जाती है। ऐसा युवराज जिसके खुद की नालायकी की वजह से ताजपोशी नहीं हो पाई।

मुझे इसमें जुटी भीड़, इसके फेर में बर्बाद जवानियों के किस्सों से कभी-कभार शंका तो जरूर हुई। लेकिन हर बार सौ में पचास-पचपन नंबर शर्तिया लाने के विश्वास ने कभी हिलने नहीं दिया।

मात्र एक विचार आदमी को जिता सकता है।

15 | बन गई बात

ईंट-गारा वही होता है,
मकान एक मंजिल का हो या सौ का।

हैदर अली आतिश नाम के एक शायर होते थे। शेर के नाम पर उनकी एक फुलझड़ी है:

बड़ा शोर सुनते थे पहलू में दिल का
जो चीरा तो इक कतरा-ए-खूँ निकला।

इनके अंदाज से लगता है कि यह भी सिविल सेवा परीक्षा में अव्वल आए थे और सालों जनता की सेवा की थी।

शायर बोले तो एक फटेहाल आदमी जो शेर लिखता है। यह उन ठाले लोगों की जमात है जिनकी शेर मारने की औकात नहीं होती। इसीलिए लिखते हैं। अचकन पहनना, सुरमा लगाना, तंबाकू-पान चबाना इनका ट्रेडमार्क है। शराब के नशे में धुत किसी खयाली लड़की से एकतरफा दिल लगा-तुड़वाकर पन्ने पर पन्ने काला करते रहते हैं। अंत में अपना नाम घुसेड़ना नहीं भूलते। मरने के बाद भी लटके जो रहना है!

हमारी दरियादिली का भी जवाब नहीं। अंग्रेजी को शाश्वत ज्ञान का दर्जा दे रखा है। उर्दू को महीन जीवन शैली का अकाट्य प्रमाण मानते हैं। दबी

जुबान में कहते हैं, बड़े नफीस आदमी हैं। उर्दू जुबां में माहिर हैं। जैसे कि दुनिया की सारी समस्याओं का हल इनके पास है। धरती पर चलकर सब पर एहसान कर रहे हैं।

मुझे दोनों में ऐसा कुछ भी नहीं दिखता। ये बस हमारे जहन में घुसा है। हमारा जीवन दर्शन ही ऐसा है कि हराने वाले के कायल होने में हम जरा भी देर नहीं करते। अतिथि देवो भव! नजदीक से देखें तो यह शेरो-शायरी वास्तव में पीने-पिलाने और लड़कियों का दिमाग नाहक खराब करने का सामान है। अकारण हैरान-परेशान रहने वालों की तो यह राजभाषा ही है।

साहित्य अकसर दरबार की कृपा पर फलता-फूलता है। गैर-जरूरी चीज खरीदने के लिए पैसा और सनक दोनों जरूरी हैं। ये सिर्फ हुक्मरानों के पास पाया जाता है। हिंदी को यह सुख शायद ही कभी नसीब हुआ। यहाँ तक कि अपने भी इसके इस्तेमाल से शर्माते-कतराते रहे हैं। लिखने वाले ऐसा लिखते हैं कि बाद में खुद भी इसे समझने के लिए शब्दकोश ढूँढ़ते फिरते है। खुद को भाषाविद् साबित करने के फेर में कब उर्दू और संस्कृत में घुस जाते हैं, इनको पता भी नहीं चलता। कहते हैं कि हिंदी के एक बड़े जानकार ने किसी रिक्शावाले को शहर घुमाने के लिए कुछ ऐसे कहा, 'ए शकटवाहक! संपूर्ण नगर के परिभ्रमण का तुम कितना शुल्क लोगे?' चतुर रिक्शेवाले ने सोचा कि अरबी-फारसी बोल रहा है। कोई परदेशी है। मौका ताड़ झटपट मार्केट रेट से चार गुना माँग लिया।

हिंदी अनपढ़ों के बोलचाल की भाषा रह गई है। उर्दू और अंग्रेजी आज भी सरकार और सरकार चलाने वाले को चला रही है। आज भी तहसीलदार-थानेदार उर्दू-फारसी के मुरीद हैं। बड़े कोर्ट-कचहरी तो अंग्रेजी से नीचे उतरते ही नहीं। और तो और बड़ी-बड़ी डीलें अंग्रेजी और सिर्फ अंग्रेजी में ही होती हैं।

स्कूल के दिनों में मैं रानू और गुलशन नंदा का लिखा रोमांटिक उपन्यास उधार लेकर पढ़ा करता था। सारा काम बच-बचा के करना पड़ता था। घरवाले इसे बिगाड़ने का समान समझते थे। भाई के हाथ लग गई तो फटी समझो। क्रिकेट की कमेंट्री सुनना भी इसी श्रेणी में आता

था। पाँच दिन तक चिल्ल-पौं मची रहती थी। मजा तो तब आता था जब ऑस्ट्रेलिया, इंग्लैंड में हो रहे मैच का ब्योरा अंग्रेज रेडियो पर अपनी लहराती अंग्रेजी में बेसमय सुनाते थे। गाँव वाले झूम-झूमकर इसका आनंद लेते थे। धेले भर पकड़ में नहीं आता, लेकिन कमेंटेटर की कला का पूरा रस लेते। किसी खेत-खलिहान में दहेज में मिले चमड़े के भूरे कवर वाले बुश या फिलिप्स मार्का रेडियो के इर्द-गिर्द झुंड का झुंड बैठा होता। ऐसे नाजुक मौके पर जब देश की इज्जत दाँव पर लगी हो, लोग उम्र, जाति, अमीरी-गरीबी, दोस्ती-दुश्मनी सब भूल एक हो जाते थे। काश यह नजारा सालों भर दिखता! किसी काम की बात पर भी ये ऐसा ही उत्साह दिखाते! सारे कमेंट्री के उतार-चढ़ाव में रमे रहते। बाद में गाँव की पुलिया पर बैठकर गावस्कर के स्क्वेर कट, बेदी के लेग-ब्रेक, प्रसन्ना के आर्मर और चंद्रशेखर की गुगली पर बहस करते।

बीए के लेट सेशन और सिविल सर्विस परीक्षा के लिए जद्दोजहद ईकट्ठी चल रही थी। पहले की चिंता न थी। दूसरे की थाह लेने की कवायद चल रही थी। चुनौती सब-कुछ जानने-समझने की नहीं थी। संभव भी न था। खेल पिछले तीन-चार साल में पूछे गए प्रश्नों के आधार पर आगे का सही-सही अंदाजा लगाने के इर्द-गिर्द था। ये कुछ-कुछ पुराने नक्शे को देखकर खजाने की गुफा का रास्ता पता करने जैसा काम था।

मुझे एक युक्ति सूझी। क्यों न सारे बवाल को परीक्षा देने वाले नहीं बल्कि लेने वाले की नजर से देखें? मास्टरों-लेक्चरारों को मैं देख चुका था। अंदाजा लगाया, प्रश्न-पत्र सेट करने जैसा गोपनीय काम अफसर अपने चहेतों को ही देते होंगे। मेल-जोल रखने वाले और उनके चक्कर काटने वाले इसे ऊपर ही ऊपर झटक लेते होंगे। मुझे कोई शक नहीं था कि ऐसे जुगाड़ू लोगों का शोध से दूर-दूर का नाता नहीं होता होगा। पढ़ने के नाम पर दो-चार अखबार पर नजर मार लेते होंगे। वो भी फेंकने की गरज से। पिछले दो-तीन साल के सवालों की खिचड़ी बना, उसमें कुछ ऊपर का तड़का लगा और इधर-उधर की नमक-मिर्च डाल झटपट परोस देते होंगे। मैं ऐसे लोगों से कभी मिला न था। लेकिन पूरा विश्वास था कि बड़ी परीक्षाओं में भी कमोबेश यही खेल चलता होगा। राष्ट्रीय चरित्र भी भला कोई रोज-रोज बदलने की चीज है?

वैसे हम अकसर बड़े-छोटे को अलग-अलग समझने की भूल कर बैठते हैं। यह मानते नहीं कि फर्क सिर्फ स्केल का होता है। ईंट-गारा वही होता है। मकान एक मंजिल का हो या सौ का।

महोत्सव पूरे एक साल चला। क्रमवार छँटनी हुई। पहले प्रारंभिक परीक्षा की चलनी में छाना गया। इस बिंदी-भरो प्रतियोगिता में पहले सिर्फ भीड़ बढ़ाने की गरज से घुसे आ रहे को बाहर का रास्ता पकड़ाया गया। ठीक जैसे वीआईपी के साथ अंदर घुसने की कोशिश करते ऐरे-गैरे को धकिया कर बाहर कर दिया जाता है। तीस-पैंतीस में से एक ही को आगे जाने दिया गया। सोच यह थी कि कढ़ाही में छाँकने से पहले देख तो लें कि नमक-मिर्च है भी कि नहीं। यूँ ही तेल और ईंधन खर्च करने का क्या मतलब?

आदमी की बनाई व्यवस्था थी। फूल-प्रूफ तो हो नहीं सकती थी। पहले व दूसरे दौर में ही निकाल दिए जाने वाले असली-नकली मातम मनाते। कई दिन मुँह न दिखाते। सुनने वाले को रो-रोकर सुनाते कि अगर एक बार पीटी क्लीयर हो जाता तो मेंस तो चुटकियों में निकाल लेते। ज्यादातर को यह मौका कभी न मिलता। नौ मन तेल होता तब तो राधा नाचती! फिर भी उन्हें अपने को उन लोगों से ऊपर बताने-समझने का आधार मिल जाता, जिन्होंने कभी इसमें डुबकी भी न लगाई होती। बड़ी गंभीरता से कहते कि होना, न होना किस्मत की बात है। नॉलेज की कोई कमी नहीं थी। कई तो उनसे भी आगे निकल जाते थे। शादी कर वर्षगाँठ से पहले बच्चे की छठी कर डालते और उसे काम पर लगा देते—अब मेरा बच्चा मेरा अधूरा ख्वाब पूरा करेगा! बेचारों का सफर जिंदगी शुरू होने से पहले ही तय हो जाता था। कोई कहने वाला न था कि भले मानस, सपना तुम्हारा था, बच्चों पर क्यों लाद रहे हो?

मैं इस तरह के किसी झगड़े में न था। मुझे यह परीक्षा वैसे ही ओवर-रेटेड लगती थी। इसलिए यह मुझे कभी डरा नहीं पाई। फिर यह समझ में आता था कि सौ में सौ नंबर थोड़े न लाना है। ऊपर से मुकाबला हम-उम्रों से था। इन्हें मैंने कभी अपने टक्कर का समझा ही नहीं था। अडिग विश्वास था कि जो कुछ दो हाथ-पैर का आदमी कर सकता है, मैं भी कर सकता हूँ। नहीं

16 | भाई, ठहर जाओ!

मिलजुल कर काम करना अनपढ़ों
और मोटे डिग्रीधारियों को एक समान नापसंद है।

कामयाबी दो-धारी तलवार है। यह आपको अपने आप से मिलवा सकती है। उतनी ही फुर्ती से आपको हवा में भी कर सकती है। अपने आप से मिल लेना ही ठीक रहता है। यह जान-पहचान बहुत काम आती है।

अगर हवा में होना इतना ही अच्छा होता तो हमारे भी पंख होते।

'पृथ्वी ग्रह की यात्रा' वाला मॉडल ऐसे नाजुक समय में बड़ा काम आया जब मेरे हवा में होने का पूरा इंतजाम था। समझ में आ गया कि राकेट में एक नया नैविगेटर फिट हो गया है। इसे अब ये एक नियत रूट पर आगे ले जाएगा। लोग अपने-अपने कारणों से बदले थे। मुझे अपना दिमाग खराब करने का कोई कारण न दिखा। नहीं तो थोड़े मजे मैं भी ले लेता। कोई फायदा भी न दिखा। मेरी हालत उस रेल की तरह थी जो भीड़ भरे प्लेटफॉर्म पर आकर खड़ी हुई थी। सबको चढ़ने की जल्दी थी। इसलिए नहीं कि उनको रेल से कोई प्रेम-व्रेम था। बल्कि इसलिए कि वो उनके स्टेशन की तरफ जाने वाली थी। ऐसे में रेल अपना इंजन-डब्बे-लाइन-सिग्नल पर ध्यान दे तो ज्यादा अच्छा है।

मेरे घुस आने से पहले आईएएस-आईपीएस जैसी चीज को मेरे यहाँ लोग बड़े खानदानों की जागीर समझते थे। उनका कहीं दिख जाना आजकल के लहजे में टाइगर-स्पॉटिंग जैसा था। जिनको ऐसी दिव्य आत्मा के दुर्लभ दर्शन हो जाते थे, अपने को धन्य मानते थे। अनन्य भक्ति-भाव से उनके नख-शिख, भाव-भंगिमा का वर्णन करते। और तो और किसी बड़े हादसे में भी जिनमें उनकी अकर्मण्यता का प्रचुर हाथ होता और जहाँ भी वो क्षणिक अवतरित होने की कृपा करते, लोगों का सारा ध्यान उनकी वेश-भूषा और साज-सज्जा पर ही टिका रहता। उनके चले जाने के बाद भी काफी देर तक उनके दिव्य व्यक्तित्व का वर्णन-विश्लेषण होता। लोग महीनों कल्पना-मिश्रित बखान के कथन-श्रवण का आनंद लेते। हरि अनंत, हरि कथा अनंता।

हादसों का क्या है, होते ही रहते हैं।

मेरे गाँव में जाति-संघर्ष कुंभ मेले जैसे था। लोग दो-चार साल में एकाध बार लड़ ही लेते थे। कुछ अघोषित युद्ध-नियम थे। उनका विधिवत पालन होता था। औरतों, बच्चों, अतिथियों पर हाथ उठाना मना था। धारदार हथियारों का प्रयोग वर्जित था। अमेरिकी नेवी की तरह 'रूट ब्लॉकेड' जरूर कर देते थे। बगलवाले शहर में जाने के लिए लंबा पैदल चलकर बिना पुल के नदी को पार करना पड़ता था। ऐसा महीनों चलता। फिर एक दिन कहीं भिड़ंत हो जाती। दोनों तरफ के बीस-तीस भले-बदमाश की लाठियों से कुटाई हो जाती। तब कहीं जाकर पुलिस आती। केस-मुकदमा बनता।

एक बार लड़ाई में एक उग्र-किस्म का अधेड़ पड़ गया। लाठी की मार भारी पड़ी। चल बसा। इलाके के बहुचर्चित एसडीएम डीएसपी के साथ पहुँचे। सफेद सफारी सूट और हरे रे-बैन के चश्मे में कहर ढा रहे थे। गर्मी थी। एक लंबे बालों वाला फटीचर टाइप का लड़का आत्मप्रेरित होकर पंखा झलने लगा। एक बारगी तो ऐसा लगा कि बड़े आदमी के पास फटकने मात्र से उसका डाकू रत्नाकर-सा हृदय परिवर्तन हो गया है। दिमाग से भूसगोल था। गालियाँ देने-खाने के अलावा कुछ विशेष न जानता था। हम एक नए महर्षी वाल्मीकि से वंचित रह गए।

उस दिन पहली बार जिंदगी में किसी बड़े अफसर के दर्शन हुए। सोचा पहले आ जाते तो खून-खराबा टल जाता। खाने का समय हो गया था। पुलिस से मेल-जोल रख लोगों की जेब काटने वाले के यहाँ बकरा कटा। बड़े हाकिम तो चाय-वाय पीकर चले गए। थानेदार-सिपाहियों ने दावत उड़ाई।

झगड़ा-फसाद एक व्यापार की तरह है। इस मंडी में ठग-बदमाश किस्म के लोग अपना हुनर दिखाते हैं। ये किसी के नहीं होते। इनकी हाँ-में-हाँ करो, खुशी-खुशी इनके हाथ लुटते-पिटते रहो तो ठीक, नहीं तो अपना पँजा-नाखून दिखाने लगते हैं। यह भी बड़े-छोटे में फिट हैं। छोटेवाले पड़ोसी से, मंझोलेवाले दूसरी जाति से और बड़ेवाले दूसरे धर्मवाले से लड़ाई की जमीन तैयार करने में लगे रहते हैं। ये लोगों को ऐसी हालत में फँसा देते हैं कि इनके पीछे लगने में ही वे अपनी भलाई समझते हैं। ऐसी ही प्रवृति के लोग पुलिस में भी भर्ती हो जाते हैं। एक चक्र-सा बन जाता है। पता नहीं यह कब और कैसे टूटेगा। बड़े-बड़े कानून बनाने और कचहरी-जेल-पुलिस पर लाखों-करोड़ों खर्चने के बाद भी ठग-बदमाश कम नहीं हो रहे। कुछ भले लोग बचने के लिए शहर की तरफ भाग लेते हैं। सोचते हैं कि वहाँ सबको खाने-कमाने से ही फुर्सत नहीं है। लड़ेंगे कब? वहाँ भी निराशा ही हाथ लगती है। जो पीछे छूट जाते हैं वे इसे अपनी नियति मानकर हाथ खड़े कर देते हैं। ऐसे में यह पूछना कि लोगों का हुकूमत से इतनी जल्दी मोह-भंग क्यों हो जाता है, एक अबोध बच्चे का सवाल है। जवाब समझ में नहीं आएगा।

आगे चलकर एक डीआईजी के बारे में सुना। पास के गाँव के एक बड़े कुनबे के थे। राजनीति का विकल्प था लेकिन झंझट में पड़ना नहीं चाहते थे। सो डीएसपी लगा दिये गए। रिक्त स्थान की पूर्ति चचेरे भाई ने की। बड़ी तरक्की की। सूबे के मुख्यमंत्री भी बने। कहानियाँ सुनते थे कि अगर डीआईजी साहब ने किसी की कमीज पर अपनी कलम से स्याही छिड़क दी तो उसका सिपाही भर्ती होना पक्का समझो। अगड़ी जाति के बड़े लोग अपने तक ही सीमित थे। पिछड़ी जाति की तरफ देखने की जरूरत ही कहाँ थी। उन्हें थाना-पुलिस-लठैत सँभाल लेते थे।

जब पिछड़ी जातियों की जेबें कुछ भारी हुईं और आँखें कुछ खुलीं तो बोले मुझे भी अपनी जाति का बड़ा आदमी दो। हुकूमत की औकात न करने की कहाँ थी। झटपट रिजर्वेशन की रेल चला दी। वो कुछ ऐसी चली कि अगड़ी जाति वाले कहने लग गए कि पिछड़ों के नए-नए बने बड़े लोग अपने बड़ों से लाख दर्जे अच्छे हैं। आँख मूँदकर अपनी जाति के लोगों का समर्थन करते हैं। हमारे वाले ऐसा करने से डरते हैं कि कहीं जातिवाद के लिए बदनाम न हो जाएँ। जब वे पिछड़ी जाति के नए बड़ों को 'अपनों' से गलबहियाँ करते देखते तो उन्हें बड़ा रश्क होता।

यह अलग बात थी कि ये सब दिखावा था। बड़ा आदमी होना एक व्यवहार है जो समय-स्थान के साथ नहीं बदलता।

जब छोटे थे तो सुनते थे कि अगले दस-बीस साल में दान-दहेज, जाति-पाति, चोरी-चकारी सब खत्म हो जाएगा। अब भी सुन ही रहे हैं। मुफ्तखोरी की चाहत और काहिली के शौक ने हमें कीचड़ में फँसे ट्रक की तरह बना दिया है। जितना रेस मारते हैं, पहिया उतना ही नीचे धँसता जाता है।

ट्रेनिंग के पहले चरण, फाउंडेशन कोर्स, के लिए जब एक नामी हिल स्टेशन पहुँचे तो फसाद की जड़ का मोटा-मोटी अंदाजा लग गया। मेरे गाँव की महान सामाजिक और सांस्कृतिक विरासत ने वहाँ पहले से ही डेरा जमा रखा था। ये ताजे-ताजे बड़े बने लोगों के राष्ट्रव्यापी जमावड़े जैसा था। सारे अपना-अपना राजतिलक खुद ही कर बैठे थे। कौन-बड़ा, कौन-छोटा की जंग छिड़ी थी। जो कोचिंग की मिसाइल में बैठकर एक सर्विस विशेष में ठुक गए थे, उनके तो जमीन पर पैर ही नहीं पड़ते थे। आईपीएस और अन्य सर्विस वालों से अपेक्षा करते थे कि वे जंग में हारे सिपाही की तरह आचरण करेंगे, फौरन अपने में समुचित हीनभावना का विकास करेंगे और ताउम्र युद्धबंदियों की तरह जिएँगे। ऐसा नहीं था कि भले लोग नहीं थे। ज्यादातर अच्छे ही थे। लेकिन सबसे बड़ा, सबसे ऊपर कहलाने की चाहत किसे नहीं होती?

मेरी हालत क्रिकेटर कपिल देव जैसी थी। उसने टेस्ट मैच देखा ही तब था जब खुद ही खेल रहा था। मैं इनसे मिला ही तब था जब खुद ही इनमें

से एक था। ट्रेनिंग क्या थी, नौकरशाही में सामंतवाद को पुख्ता करने की पुरजोर कवायद थी। चले हुए कारतूस जिनसे कुछ खास न उखड़ा था, आते और अपनी-अपनी वीर-गाथा सुनाकर चलते बनते। हर तरफ चीख-पुकार मची थी कि एक सर्विस विशेष ही देश चलाता है। किसी के पास इनकी बात आँख मूँदकर मानने के अलावा कोई चारा नहीं है। आउटडोर ट्रेनिंग के नाम पर सवेरे-सवेरे उठाकर पहाड़ों में चलाते रहते। विलेज-टूर करवाया गया जैसे कि सारे विलायत से आए हों। समझ में आ गया कि अब तक भाड़ झोंक रहे थे। आदमी तो अब हमें ये बनाएँगे। पके घड़े को ठोंक-पीट कर कड़ाही बनाने की जुगत चलती रही।

आईपीएस के एक अफसर थे। कुल छह साल सीनियर थे। एक बड़े इंजीनियरिंग कॉलेज में पढ़े थे। किसी कारण फाउंडेशन पड़नी रह गई थी। जरूरी था। सो हमारे साथ ही डलवा रहे थे। वैसे बहुत अच्छे थे। लेकिन पुलिस को क्या करना चाहिए, इस विषय में उनका ज्ञान बड़ा मौलिक था। एक 'जूत थ्योरी' ईजाद कर रखी थी। जब मिलते उसपर प्रस्तुति दे डालते। बड़ा सरल और रोचक सिद्धांत था–जो मिले उसे धुन दो। जूते की पिटाई ज्यादा असरदार है। क्योंकि उससे जूता अपने-अपने साफ हो जाता है और पिटने वाले के तन और मन दोनों पर व्यापक और दीर्घकालीन प्रभाव पड़ता है। शुक्र मनाया कि जब मैं 'लोग' था तो ऐसे विलक्षण लोकसेवक से कभी मेरी भेंट नहीं हुई। कल्पना करके आदमी सिहर जाए।

वैसे जगह सुंदर थी। यंग नाम के किसी फौजी को भा गई थी। उसने वहाँ अपना हंटर लॉज बनाया। सूचना के लिए गुजरे जमाने में शेर-बाघ जंगलों पर राज करते थे। तब ओलंपिक जैसा नामी खेल नहीं था। बड़े लोग बंदूक की गोली से मरे शेर-बाघ के ऊपर पैर-रखा फोटो खिंचवाकर अपनी वीरता का प्रमाण पेश करते थे। बाद में वहाँ अंग्रेजों ने खुद सैर करने के लिए एक 'माल रोड' बनवाया। कोई संदेह न रहे इसलिए लिखवा भी दिया 'इंडियंस एंड डॉग्स आर नोट अलाउड'। सुनने में आया कि वकालत की मोटी कमायी और आजादी की लड़ाई का शौक पाल रहे लोग यहाँ आते। जान-बूझकर नियम तोड़ते। फिर जुर्माना भरते। अंग्रेजों से जान-पहचान करने-बढ़ाने का ये तरीका विलक्षण था।

फाउंडेशन कोर्स खत्म होते-होते मेरी समझ में ये भी आ गया कि इसे ये नाम क्यों दिया गया। एक तो यह स्पष्ट करने के लिए कि अब तक जो पढ़े-लिखे देखे-किए थे, भूल जाओ। अब हम तुम्हें अपने हिसाब से नया बनाएँगे। ये रही तुम्हारी नींव। दूसरा, ये साफ करने के लिए एक अंग्रेजों की बनाई व्यवस्था है जो शाश्वत है। बाकी पीछे लग लो। ना-नुकुर की तो मारे जाओगे। सबके लिए यहाँ जगह नहीं थी। तुमको बुलाकर बतला दिया। आगे सबको बता देना। बात शीशे की तरफ साफ हो गई कि कुछ नंबर कम लाने के एवज में अब पूरी उम्र इज्जत से जीने के लिए संघर्ष करना पड़ेगा।

शुरू-शुरू में मुझे ये नवसिखुओं का बचपना लगा। सोचता था कि जब तक ये बड़बोले मैदान में उतरने लायक होंगे, टीम-प्लेयर बन चुके होंगे।

जल्दी ही हमें पुलिसवाले पकड़ ले गए। बाकी भी अपने-अपने ठेकेदार तक पहुँच गए। फाउंडेशन पड़ गई थी। अब बाकी का हिस्सा भी बनना था। एक सर्विस विशेष वाले 'हुकूमत-करने-के-लिए-पैदा-हुए-हैं' वाली फील लेकर वहीं रुक गए। अंग्रेजों की विरासत जो आत्मसात करनी थी। मुझे वो जगह यंग के 'हंटर लॉज' की तरह लगी। लोग यहाँ अब भी शिकार ही सीख रहे थे। सेवा तो बातचीत का शिष्टाचार था। अपरिपक्व लोग इसे दिल पर ले लेते थे।

कहते हैं कि मकान पुख्ता तभी बनेगा जब नींव मजबूत होगी। बनाने वाले की मंशा जो भी रही हो, बन कुछ और ही रहा था। आईपीएस के कुछ उग्रपंथियों को अपने सहपाठियों की हेकड़ी पसंद नहीं आई। जल्दी ही मोर्चा सँभाल लिया। जड़ें खोदनी शुरू कर दीं। 'ये हम पर हुक्म चलाने वाला होता कौन है' का ब्रह्म-प्रश्न खड़ा कर दिया। सीधी लड़ाई के लिए स्कोप नहीं था। छापामार युद्ध शुरू हो गया। चतुर-सयाने लोगों ने मौके की नजाकत को भाँपते हुए दोनों नावों की सवारी शुरू कर दी। इधर चरमपंथियों की हाँ में हाँ मिलाते। उधर उनको बोल आते कि इंडिया को पुलिस स्टेट थोड़े न बनाना है। आप ठीक कहते हो। लोग जब 'सोसायटी की क्रीम' से अपने पैसों से ही अपनी समस्या के हल की अपेक्षा कर रहे थे, इनकी अच्छी-खासी ऊर्जा अहम की भट्‌टी चलाने में खप रही थी।

मेरा ये सब-कुछ देखा-भाला था। समझ गया, सिर्फ जगह और भूमिका बदली है। लोग वही हैं। मैं-बड़ा, मैं-बड़ा के झगड़े में उलझे थे।

मिलजुल कुछ करना न अनपढ़ों को पसंद था और न ही इन मोटे डिग्रीधारियों को।

17 | हवा का रुख

दोस्ती-दुश्मनी एक ही सिक्के के दो पहलू हैं। हवा के रुख की तरह कब पलट जाएँ, पता नहीं। एक से सँभल के मिलिए। दूसरे से शिष्टाचार से।

कहते हैं कि अपने को जल्दी से होशियार समझकर ज्यादा खुश नहीं होना चाहिए। पासा पलटते बिलकुल देर नहीं लगती। जो होना है होकर रहता है। चाहे जितना हाथ-पैर मार लो।

मुझे बड़ा गुमान था कि मैंने स्कूल-कॉलेज के दिन यूँ ही टपा दिए। होमवर्क किस चिड़िया का नाम है मुझे पता ही नहीं चला। क्लास करने के बारे में इससे अंदाजा लगाया जा सकता है कि कॉलेज में मेरे सेक्शन वाले तक मुझे नहीं पहचानते थे। सुनते जरूर थे कि कोई तीसमार खाँ है।

अब भी सोचता हूँ जब मैं कुछ नहीं करता था तो क्या करता था? लोग कितनी आसानी से कह देते हैं कि 'चट' गए। बोर हो गए। मन नहीं लग रहा है। एक चक्र में फँस जाते हैं। कुछ समझ में नहीं आता तो बोल देते हैं कि कुछ ठीक नहीं है। फिर वैसा ही अनुभव करने लगते हैं। शब्दों में बड़ी ताकत होती है। आदमी ने इसे बनाया जरूर है लेकिन अब यह इसपर हावी है। मैंने हमेशा सावधानी बरती। कभी उलझनों को ऐसे मारक शब्द दिए ही

नहीं। इसे चुनौती कहे रखा। जोर बदलने लायक चीजों पर रखा। न कि सिर पीटने पर कि मेरे साथ ऐसा क्यों हुआ?

अपने भिड़े रहने की आदत को और गहराई से समझने के लिए मैंने बाद में सेल्फ-हेल्प की मोटी-मोटी किताबें पढ़ीं। लेखकों के नाम पर फेंकुओं की भीड़ मिली। हर कोई आधुनिक विज्ञान और प्राचीन शास्त्रों को फेंट बना दिमाग के लिए फास्ट-फूड बेचता मिला। इसे पढ़ना अपनी गली में अपने ही घर का रास्ता किसी फिरंगी से पूछने जैसा था। 'न्यूयॉर्क टाइम्ज बेस्टसेलर', 'फलाँ अवार्ड विनर्ज' किताब के नाम से भी बड़े अक्षरों में लिखे होते थे। अगर कुछ और नहीं तो 'नॉमिनेटेड फार फलाँ अवार्ड' का ढोल तो पीट ही देते थे। बात-बात पर कहते मिले कि सारी दुनिया मरी जा रही है। तुम किसके इंतजार में हो? अमृत का घड़ा है। खरीद ले जाओ। पीओ और अमर हो जाओ। घबराये लोग झटपट खरीद लेते थे। पढ़ना तो बाद की बात थी।

मैंने पाया कि ये ट्रेडमिल पर दौड़ने जैसा था। घंटों पसीना बहाने के बाद आप कहीं भी नहीं पहुँचते। खुश रहने और समस्या के फटाफट समाधान के नुस्खे बेचने वालों का बाजार दुनिया भर में फैला हुआ है। पल्ले इनके धेला भी नहीं है। बस कुछ पैसे लूटकर आपका समय खराब करते हैं। काम तो करने से होता है। संभव है तब भी नहीं हो। आप अकेले इस दुनिया में नहीं हैं। किसी ने आपको यह गारंटी नहीं दी है कि आप जो चाहेंगे, हमेशा वही होगा। जीत-हार लगी रहेगी। बर्दाश्त करना सीखिए।

जिंदगी की किताब से बड़ी कोई किताब नहीं होती। बशर्ते इसे खुली आँखों से पढ़ें। तमाशा घुसकर देखने का कोई मुकाबला नहीं। 'पृथ्वी ग्रह की यात्रा' वाले मॉडल में यह जरूरी भी है, अगर आपकी मंशा ऊपरवाले को दुनिया के बारे में अच्छी-सच्ची बात बताकर खुश करने और पुनर्जन्म के फेर से बचने की है।

मुझे लगता है कि मैं तब पूरी तरह वर्तमान में जीता था। मीन-मेख बिलकुल न निकालता था। जो करते थे, होता था, उसी में रमा रहता था। कुछ और सोचता ही नहीं था। कंप्यूटर का एक बार में एक ही विंडो खुलता था। किसी बात की जल्दी नहीं थी। कहीं पहुँचने के लिए दौड़े नहीं

जाते थे। फिर न जाने कब और कैसे, दूसरों की नजर से दुनिया देखने की आदत-सी पड़ गई। समझने-मानने लगे कि लोगों ने मेरा ठेका नहीं लिया हुआ है। कभी किसी से शिकायत नहीं हुई कि उसने ऐसा-वैसा क्यों किया। सबको चीजों को अपने ढंग से देखने और दाँव लगे तो अपनी रोटियाँ सेकने का हक है। यही प्रकृति का नियम है। डारविन का विकासवाद है। इसमें कोई बुराई नहीं है कि सबको अपनी पड़ी है। मैं कौन-सा अवतार हूँ। सारे अपनी धुन में अपने रास्ते भागे जा रहे हैं। अगर मुझे कुछ चाहिए तो अपना रास्ता खुद बनाना पड़ेगा। ऐसा सोचता था। यकीनन इसीलिए आसानी रहती थी।

माँ ने एक सीधी बात बताई थी–जान-बूझकर अपने फायदे के लिए किसी का नुकसान न करो। बाकी जो मर्जी आए, करो। इस बीज-मंत्र को अब तक पकड़ रखा है। क्या करना है और क्या नहीं का फैसला आसान रहता है। अगर गलती से किसी का नुकसान हो गया तो क्षमा। अगर ड्यूटी के क्रम में कोई रगड़ा गया तो क्या कर सकते हैं। अगर इसके बाद भी कोई बैर पाले तो उसकी मर्जी। लड़ेंगे। इस नियम को तोड़ते हैं तो घाटे में ही रहते हैं। अगर निजी फायदे के लिए जान-बूझकर किसी का नुकसान करें तो हम बँध जाते हैं। एक समझदार आदमी की तरह आगे के सारे फैसले इस बात को ध्यान में रखकर लेते हैं कि कहीं जिसकी मँजी ठोक रखी है, उसके हत्थे न चढ़ जाएँ! उनसे हमारा भूल-चूक का खाता बंद हो चुका होता है। चाहे सामनेवाला कुछ करने की स्थिति में नहीं हो, भूल गया हो या माफ कर गया हो, हम नहीं भूलते। परिणाम? हम डरे-डरे से रहते हैं। जान-पहचान वाले कटे-कटे रहते हैं। इसका कोई भरोसा नहीं। अपना मरा नाखून बचाने के लिए हमारी गर्दन भी कटवा सकता है। विकल्प सीमित होते जाते हैं। हम सिमट कर रह जाते हैं।

वैसे दुश्मनों का होना भी कोई उतनी बुरी बात नहीं है, जितना हम अकसर सोचते हैं।

एक बड़े, बहुत बड़े आदमी थे। जाहिर है जब फल-लगे पेड़ थे तो पत्थर भी पड़ते होंगे। मुझसे खुले थे। मैंने एक दिन वैसे ही कह दिया कि

पता नहीं विरोधी आपकी इतनी आलोचना क्यों करते हैं। कुछ कर रहे थे। पहले इत्मिनान से उसे खत्म किया। फिर बोले, आप समझा करिए। भला वो भी कोई आदमी हैं जिसके दो-चार सौ दुश्मन न हों। तर्क ये था कि जितनी खुशी हमें अपने फायदे से नहीं होती है, उससे ज्यादा दुश्मनों का बेड़ा गर्क होने से होती है। और कौन माई का लाल है जिसकी साल में दो-तीन बार ऐसी-तैसी न होती हो। सो अगर आपके पाँच-दस भी पक्के दुश्मन हों तो लाइफ सेट समझो। इस औसत से मतलब यह हुआ कि साल में दस-बीस बार जश्न मनाने का शर्तिया मौका। फिर, आप किसी मुगालते में नहीं रहते कि लोग भले हैं। दुनिया बड़ी अच्छी है। दुश्मनों से निबटने के लिए तलवार में धार देते रहते हैं। ऐसे में अगर कोई नया, स्वनिर्मित या अघोषित शत्रु अनायास हल्ला बोल दे तो आप तैयार मिलते हैं।

दुश्मन जैसे खतरनाक जीव के प्रति ये ताजा-तरीन नजरिया सुनकर मेरा रहा-सहा डर भी काफूर हो गया। सोचा नाहक खुंदक खा रहे थे। जन्मदिन, नए साल का जश्न मना रहे थे। भगवान न करे कि हम दुश्मन बनाएँ। लेकिन कोई और कूद कर पंगा ले ही ले तो थोड़े मजे हमें भी ले लेने चाहिए।

वैसे दोस्तों के लिए बहुत ज्यादा भावुक होना भी सेहत के लिए ठीक नहीं होता।

वो तो टीके की तरह हैं, जो दुश्मनों के लिए आपको तैयार करते हैं। इनसे मिलकर बैरी आपको जाने-पहचाने लगते हैं। आपके बारे में जितनी उलटी-सीधी उड़ती है, इन्हीं की उड़ाई होती है। ये दोनों तरफ से मजे लेते हैं। उधर आपकी बुराई सुनकर। इधर आपको गरम कर। जब भी आपका बँटाधार होता है तो सबसे ज्यादा प्रसन्न इसी प्रजाति के लोग होते हैं। बगैर समय गँवाए चहक-चहककर सबको बताएँगे कि मुझे पता था कि ये जल्दी ही मरने वाला है। पहले ही चेता दिया था।

'दोस्त-बना-दुश्मन' दुनिया का सबसे खतरनाक जहर माना गया है। इसका कोई इलाज नहीं है। युद्ध का इतिहास दोस्तों के दुश्मनों से जा मिलने की कहानी है। तोप-गोले से ज्यादा इनके रुख से कौन-जीता, कौन-हारा का फैसला हुआ है। दोस्ती-दुश्मनी एक ही सिक्के के दो पहलू हैं। हवा के

रुख की तरह कब पलट जाएँ पता नहीं। एक से सँभल के मिलिए। दूसरे से शिष्टाचार से।

हमें अफसर बनाने का सिलसिला बदस्तूर जारी था। उस्ताद पहाड़ों में जाकर हमें पहले ही नाप आए। लंबे, काले, बड़ी मूँछोंवाले। नाटक में यमदूत का रोल बिना कास्ट्यूम, मेक-अप के कर सकते थे। खड़का आए कि थोड़ा हिल-डुल शुरू कर दो। आगे के लिए ठीक रहेगा।

कहते हैं कि जिस चीज से जितना भागते हैं, वो उतनी ही तेजी-से आपका पीछा करती है। और देर-सवेर आपको पकड़ ही लेती है।

विंध्य-पार के बारे में सुना भर था। किसी दूरदर्शी ने ट्रेनिंग सेंटर के नाम पर आदमी पिघलाने की भट्ठी खोल दी थी। कोई शक न रहे इसलिए इसका नाम भी लौहपुरुष के ऊपर रख रखा था। इस जगह इसे लगाने की कोई तुक नहीं थी। बस किसी सियासतदान को अपने इलाके को कोई तोहफा देना था। सो दे गए। भुगतने के लिए हम और हम जैसे रह गए।

घुसते ही साफ कर दिया कि हम आपको आदमी गिनते ही नहीं। टेलीफोन बूथ के पास एक सफेद संगमरमर का लोथा रख पीतल के अक्षरों से अंग्रेजी में साफ-साफ लिख दिया कि जैसे इस पत्थर के अंदर कोई कलाकृति छिपी है वैसे ही आपके अंदर एक अफसर घुसा है। हम उसे खींचकर बाहर निकालने वाले हैं। दिमाग में गला चेक करने वाले डॉक्टर का चेहरा घूम गया। वो चुट्टे से जीभ खींचकर आ..आ.. करने को बोलता था। झटपट वर्दी पहना, हमारे सिर पर कटोरा घुमा दिया। एक बारगी आईना देखकर तो खुद को पहचान ही नहीं पाए।

सारे डाँटने वाले लहजे में बात करते। सवेरे-सवेरे हॉस्टल से निकालकर दौड़ाते, एक-दो, एक-दो कराते, दिन भर भाषण पिलाते, तरह-तरह की बंदूक खुलवाते-जुड़वाते और कभी-कभार चलवाते। घोड़े चढ़ाते। शाम को कुछ देर के लिए मैदान में छोड़ देते कि खेलो। उस्ताद और उसका एक चेला हमेशा सिर पर सवार होता। फिर एक-दो, एक-दो कर हॉस्टल में जमा करा आते। तब तक दिमाग ठिकाने आ गया होता। खाने से ज्यादा सोने की जल्दी होती।

अब तक जिन-जिन चीजों से भागता रहा था, सारे झुंड बनाकर टूट पड़े थे। कभी एनसीसी की तरफ फटका भी न था। इधर वर्दी खुलती ही नहीं थी। अपने गाँव के हम-उम्रों से कुछ खास लेना-देना नहीं था। यहाँ देश तो छोड़िए, भूटान-नेपाल के लड़कों के साथ भी हमेशा कदम-ताल करना था। हमेशा स्कूल जाने से भागते रहे। अब हॉस्टल में नजरबंद थे। जिंदगी भर क्लास से बचते रहे। यहाँ इंडोर भी था और आउटडोर भी। लड़ाई-झगड़े से दूर रहते थे। अब यही जीविकोपार्जन का साधन बनने जा रहा था। पुलिस के बारे में जितना देखा-सुना था, सोचता था भगवान इनसे दूर ही रखे। अब इनकी पूरी फौज पिली पड़ी थी। कोई चलना सिखा रहा था, कोई बोलना, कोई खड़ा होना।

हम बच्चे न थे। वे हमें बड़ा मानने को तैयार न थे।

हम मोटर मकैनिक के गराज में खुले ट्रक की तरह थे जिसे जोर-शोर से टैंक बनाने की कोशिश चल रही थी। हुकूमत ने हमें जत्थों में बाँट रखा था। होड़ लगा रखी थी कि देखते हैं कौन सबसे आगे रहता है। जैसे-जैसे दिन बीतते गए, सिस्टम बनता गया। महीने दो महीने में सबने अपनी-अपनी जगह पकड ली। दो-तीन गृहमंत्री की तलवार और प्रधानमंत्री की पिस्तौल के लिए दावेदारी जता चुके थे। ये शीत युद्ध के दिनों के ओलंपिक खेलों की तरह था। अगर यह रूस या इसके चेले-चपाटे देश में होता तो अमेरिका और उसके पिछलग्गू वैसे ही बायकाट कर देते थे। जिसको जीतना है, जीत लो। क्लास में सवाल पूछने का मोर्चा भी कुछ स्वयंसेवकों ने सँभाल लिया था। बाकी औंघने के लिए स्वतंत्र हो गए थे।

नेतृत्वक्षमता से लबरेज भाई लोग हर जगह जल्दी ही हावी हो गए। इसके पहले कि पता चलता, फैसला हो चुका होता। सुविधा के लिए बाकी हाँ में हाँ मिला देते। मेरी वहाँ की किसी चीज में कोई खास रुचि नहीं थी। बस खेप रहे थे। खेलों में बेंच पर बैठना अखरता था। टीम-प्लेयर कभी रहा नहीं। सो दौड़ना शुरू कर दिया। इसी चक्कर में मुझे कभी फुटबाल, कभी हॉकी टीम में जगह मिल जाती।

पढ़ाने वाले दो किस्म के थे। आउटडोर वाले छोटे अफसर तो सीआरपीएफ,

बीएसएफ से आए थे। ठिठोली में एक को 'चलते रहो प्यारे फोकट में' और दूसरे को 'बिस्तर सँभालो फोर्स' कहते थे। उनके लिए इधर होना किसी स्वर्ग प्रवास से कम न था। इंडोर के लिए कुछ को छोड़कर बाकी विभिन्न सूबों से दौड़े-दौड़ाए आईपीएस अफसर थे। अपनी महानता बताने और ज्ञान बाँटने का कोई मौका न चूकते थे। सुनने वाले भी टक्कर के थे। पूरे भक्ति-भाव से टेरते। परंपरा के मुताबिक ये आपस में भिड़े थे। हम उनसे सुनकर कम, उनको देखकर ज्यादा सीख रहे थे।

पहली बार मैं अपने हम-उम्रों के साथ मजबूरी में सही एक ही जगह नजरबंद था। चाहे न चाहे, उन्हीं के साथ रहना था। मैंने पाया कि वे उतने बुरे भी नहीं थे। किसी के सिर पर सींग न था। सारे तरह-तरह की जगह से भाँति-भाँति की डिग्रियाँ लेकर आए थे। दो-तीन डॉक्टर थे। उनको भाई लोग प्यार से झटका या हलाल कहते थे। हलाल वाला कारगर दवाई बताता था। किस्मत ठीक हो तो ठीक भी हो सकते थे। मरने की जल्दी हो तो झटका वाले की गारंटी थी। दो स्टाइलिश भाई थे। देर से समझ में आया कि दिल से हीरा थे। पहले तो डिश-डैश के खिताब से नवाजे गए। जब एक प्रांत विशेष की आतंकी समस्या पर सवाल पूछने का ठेका ले लिया तो भाइयों ने उनका नाम ही तरन-तारन रख दिया। सूचना के लिए ऐसा नहीं था कि वहाँ लड़कियाँ नहीं थीं। लेकिन पुलिस में भर्ती होने के बाद 'भाई' का ऑनरेरी टाइटल तो बनता ही था। आगे फील्ड में जाकर गरीब परिवार से भर्ती हुए अधपढ़ सिपाहियों ने उन्हें 'मैडम सर' ही बोलना था।

नौ महीने बीतते-बीतते सबका खाया-पिया निकल चुका था। सारे अस्वाभाविक रूप से पिचक गए थे। फील्ड-टेस्टिंग का टाइम आ गया था। हमें जो चाहिए था वो मिल गया था। एक पहचान जो कहीं भी एक कुर्सी और एक प्याली चाय की गारंटी देती थी। अगर भगवान ने फरमाइश के हिसाब से 'टॉल-डार्क-एंड-हैंडसम' नहीं बनाया था तो नौकरी की वजह से कुछ भली लड़कियाँ आँख मूँदने को तैयार हो गई थीं।

मेरी तो चाँदी हो गई थी। देखते-देखते भाइयों की राष्ट्रव्यापी फौज तैयार हो गई। मुझे पसंद करें न करें, लोक-लाज से भुगतने को बाध्य थे। मैं भी

पूरी ढिठाई से उनपर अपना अधिकार समझने लगा था। अकेले आए थे, सत्तर साथ ले जा रहे थे।

हुकूमत आदत के हिसाब से यहाँ भी चूक गई। इतने सारे, इतनी जगह से आए थे। उनसे पूछ सकती थी कि पुलिस को कैसे चलाया जाए कि लोगों को लगे कि अंग्रेज चले गए हैं। उनको कैसे विश्वास दिलाएँ कि अगर आप किसी का नुकसान नहीं करेंगे तो आपका बाल-बाँका न होगा। उन्हें कैसे आश्वस्त करें कि सिपाही को देख वो चिंता को गोली मार सकते हैं।

वे हमारे उत्साह और अनूठे तजुरबे का इस्तेमाल कर सकते थे। व्यवस्था में एक नई जान फूँक सकते थे। ऐसा करने के बजाए हमें मारना-कूटना सिखाते रहे। पढ़ाने वाले घिसा-पिटा, बासी ज्ञान परोसते रहे। उस्ताद पैर पटकवाते रहे, घोड़े दबवाते-चढ़ाते रहे। जैसे कि सरकार और लोगों का संवाद सिर्फ खून-खराबे का ही हो सकता है।

जब फील्ड-टेस्टिंग के लिए उतारे गए तब तक समझ में आ चुका था कि पूरी उमर हमें शहरों की चौकीदारी करनी है। चोर-सिपाही का खेल खेलना है। गाँव तो कहीं नक्शे में था ही नहीं। अगर उधर कोई मर-मरा गया तो जाकर बंद-पीट कर आएँगे। 'जूत थ्योरी' पर आधारित सर्वव्याप्त पुलिसिया संस्कृति हिलोरें मार रही थी। इस सुनामी के आगे हमारी क्या औकात थी?

सोच बदलने से संसार बदलता है। ऐसी सोच इधर नहीं थी। न ही किसी और को इस तरह से सोचने की आजादी थी। सारे शरीर ठोकने-पीटने और दिमाग का दही करने में लगे थे।

18 | एमेजान.कॉम

जीवन यात्रा का सारा आनंद इसकी अनिश्चितता में है।
सब-कुछ अगर पहले से पता, देखा-देखाया हो
तो मजा जाता रहेगा।

एक पुरानी कहावत है। बिन माँगे मोती मिले, माँगे मिले न भीख। लगता है लोगों ने अपने हिसाब से इसका मतलब निकाल लिया है। कुछ तो यह सोच कर पसर गए हैं कि जब बिना माँगे मोती मिलता है तो कुछ करने की क्या जरूरत है। गरीब यह सोचकर बिफर गए हैं कि लो, अब माँगने पर भीख भी न मिलेगी।

गाँव से सौ किलोमीटर पूरब एक बड़ा प्रसिद्ध मंदिर था। वहाँ दर्जनों के हिसाब से नामी-गरामी देवी-देवता विराजमान थे। भक्तों की भीड़ देवताओं के देने की फुर्ती के पिछले रिकार्ट के हिसाब से लगती थी। इस मामले में भोले-शंकर का कोई जवाब नहीं था। लोग उनको औघड़दानी बोल-बोलकर बड़ा ठगा करते थे। कोई चांस नहीं कि जो फरमाइश कर दें, उसकी फौरन होम डिलिवरी न हो जाए। उनके यहाँ धक्कम-पेल इतनी होती थी कि पूछो मत। भोलेनाथ ने थक-हारकर अपने को दीवारों में कैद कर लिया। बड़े-बड़े गेट लगा लिए। कोई खिड़की भी न छोड़ी। फिर भी लोग कहाँ मानने वाले

थे। पुजारियों की झिड़क खाते। भेड़-बकरी की तरह हाँके जाते। फिर भी क्या मजाल कि पीछे हट जाएँ।

पूजा के नाम पर एक स्टैंडर्ड ड्रिल था। एक पत्तल पर बेल पत्र, धतूरे का फूल और उसके ऊपर जल की लुटिया लिए पिल पड़ते। जय-भोले, जय-भोले करते न करते अपनी डिमांड-लिस्ट निकाल लेते। पूरी हो चुकी फरमाइश के लिए जल्दी से एक औपचारिक धन्यवाद कर बाकी के लिए रिमाइंडर चला देते। फिर फटाफट नई माँगों की फेहरिस्त पेश कर देते। मानों भगवान न हुए, मुफ्त के एमेजान.कॉम हो गए।

मुझे लगता है कि भगवान मंदिर में बसते भी होंगे तो इन माँगनियों की भीड़ से बचने के लिए तड़के सवेरे खिसक लेते होंगे। देर रात बचते-बचाते थोड़ा सुस्ताने भर आते होंगे। भीड़ आरती के नाम पर देर शाम तक जो डटी रहती है। लगता है उन्होंने तंग आकर तारामंडल चलाने के लिए अपना ऑफिस दूर पहाड़ों और समुद्रों में खोल लिया है। लेकिन लोग वहाँ भी उन्हें कहाँ छोड़ते हैं। जब कुछ साल पहले एक पहाड़ी इलाके में गर्मी की छुट्टियों के आसपास बाढ़ में काफी लोग-गाड़ी-घर बह गए तो मुझे यह ईश्वर का प्रकोप ही लगा। छुट्टियों में उनके घर पर धावा बोलने का क्या मतलब? तुम्हारी छुट्टी, छुट्टी। मेरी छुट्टी, विशेष अभियान। अभी बताता हूँ।

ईश्वर-भक्ति का ये कैपिटलिस्ट मॉडल मुझे बेतुका लगता था। आखिर एक यात्री को इतनी सारी चीजें चाहिए ही क्यों? जब चंद्रमा पर गए तो कितने थोड़े में गुजारा कर आए थे। इधर सारा समय और-और के लिए दहाड़ मार कर रोते हैं। अगर बचपन से ही बताया जाए कि जिंदगी एक साहसिक खेल की तरह है, इसका मकसद इस ब्रह्मांड का जितना अनुभव कर सकते हैं करना है, तो जीना कितना आसान हो जाए। लेकिन सवाल यह है कि फिर धर्म के ठेकेदार क्या खाएँगे। आत्मा-परमात्मा के बिचौलिए कैसे जिएँगे। सबने अपने-अपने ब्रांड का भगवान बाजार में उतार रखा है। उनके नाम पर पैसे कूट रहे हैं। लोगों का उल्लू खेंच रहे हैं। ठग-बदमाश यहाँ भी घुस आए हैं। टोलियाँ बनाकर खून-खराबे में लगे हैं। एक-दूसरे को कहते हैं कि अपने भगवान को कहो कि सरेंडर करें।

मुझे लगता है कि आबादी बेहिसाब बढ़ने का एकमात्र कारण यही है। लोग जाते ही भगवान से उलझ जाते होंगे कि ये न मिला, वो ठीक नहीं था। अपनी कृति की आलोचना से नाराज भगवान उन्हें वापस किसी और गहरे गड्ढे में दे मारते होंगे।

मैं इन चक्करों में कभी नहीं पड़ा। माँ हमें कभी मंदिर लेकर गई ही नहीं। कहती थी, 'मन चंगा तो कठौती में गंगा'। भाग्य की कोई बात कभी की ही नहीं। बोलती, जो मेहनत करेगा, फल पाएगा। भगवान इसमें क्या करेगा? ऐसा नहीं कि उसको भगवान से कोई अदावत थी। बस उन्हें बात-बात में परेशान नहीं करना चाहती थी। दुनियादारी में घसीटना नहीं चाहती थी।

कभी-कभार मैं अपने आप भोले-शंकर के नामी मंदिर में चला जाता था। कहते थे कि यह ज्योतिर्लिंग है। कहानी थी कि रावण अपनी साइड और मजबूत करने की गरज से भोले-शंकर को बातों में उलझाकर लंका लिए जा रहा था। देवताओं को पता चला तो चालाकी से उनको रोक लिया। रावण ने भोले शंकर को बड़ा मनाया। नहीं माने तो गुस्से में लात मार कर चलता बना। तबसे वो वहीं अटके थे। टाइम-पास के लिए लोगों के भय के इलाज की डिस्पेंसरी और लालच पूरा करने के लिए चीजों का सुपरस्टोर खोल लिया था। लाठी भांज रही पुलिस और गला फाड़ रहे पंडों से बचने के लिए मैं औघड़दानी को बाहर से ही प्रणाम कर लेता था। वहाँ एक देवी सरस्वती का भी छोटा-सा कोठरी-नुमा मंदिर था। घुसने का दरवाजा बिलकुल छोटा था। बनाने वाले ने सोचा होगा कि लोगों का क्या भरोसा? अंदर घुसने से पहले ही झुकने का पूरा प्रबंध कर दिया। इसका असर यह हुआ कि पहली-पहली बार फटका भक्त अकसर अपना सिर चौखट में दे मारता। 'जय माता' कहने के बजाय 'बाप-रे-बाप' कराह उठता। मैं भी कभी बचता, कभी टकरा जाता।

किसी बड़े मॉल में किताब की इक्का-दुक्का दुकान के तर्ज पर यहाँ भी भीड़ कम ही होती थी। शायद लोग सोचते होंगे कि कौन ज्ञान-ध्यान के लंबे चक्कर में पड़ेगा। बगल में औघड़दानी फँसे बैठे हैं। सीधे ऑर्डर कर दो। मेरी देवी से छोटी-सी बात होती थी। जितने के लायक बनाया है उतना ही देना। ओवर-लोडिंग से बड़ा खतरा रहता है। टेंपो में मालगाड़ी जितना सामान

लादने का क्या मतलब? इससे नियम भी तो टूटता है। करे कोई, पाए कोई के गड़बड़-झाले के बीच हम क्या करें, क्या न करें का फैसला कैसे करेंगे?

जब मेरे बच्चे आठवीं-नवमी में गए तो मैं उन्हें एक दिन लाल किले ले गया। बेटी ने पूछा इस खंडहर में क्या दिखाने लाए हो? मैंने कहा कि शाहजहाँ नाम का एक मुगलिया बादशाह था। बिल्डिंगें बनाने का शौकीन था। उसी ने बनवाया था। इसी में रहता था। सो देखने आए हैं कि कैसे रहता था। बच्चे थे, चलते-चलते थक गए। बोले आइसक्रीम खिलाओ। फिर पूछा असली बात बताओ। यहाँ क्यों लाए हो? मैंने कहा, ये बताने के लिए कि कहीं मेरे भरोसे मत रह जाना। अभी बहुत समय नहीं बीता है। किसी को पता भी नहीं कि इन बादशाहों के बच्चे कहाँ हैं। हो सकता है इधर कहीं आस-पास किले की जड़ में ही बूट-पॉलिश कर रहे हों। कोई पॉजिटिव डीएनए रिपोर्ट ले भी आएँ तो अपने बाप-दादे के बनाए घर में ही घुसने के लिए महँगा टिकट लेना पड़ेगा। कुछ देने के लिए रहेगा तो लोग पीछे लगे रहेंगे। नहीं तो पास भी न फटकने देंगे। बच्चे बोले, तुम डरा रहे हो। मैंने कहा, नहीं, बता दे रहा हूँ।

ट्रेनिंग में मनोरंजन का पूरा इंतजाम था। ठोक-पीट तो चल ही रही थी। कैडर नाम की एक तलवार भी महीनों सिर पर लटकती रही। जैसे महापुरुषों की अस्थियाँ हवाई-जहाज से इलाके में बिखरा दी जाती हैं और नदियों में बहा दी जाती हैं, कुछ वैसे ही हर साल चयनित आईपीएस अधिकारियों को देश के सूबों में एक-एक, दो-दो करके छिड़क दिया जाता है। कुछ को छोड़कर बाकी उधर ही अपने-अपने कैलाश पर्वत से दूर भगवान शिव के ज्योतिर्लिंग की तरह स्थापित हो जाते हैं। जोड़-तोड़ के माहिर धन, शक्ति और प्रसिद्धि को प्राप्त होते हैं। बैठे-बैठे सब-कुछ पा लेने की इच्छा पालने वाले कुढ़ते-चिढ़ते रहते हैं। कैडर अलॉट्मेंट की प्रक्रिया ब्लैक होल की तरह अबूझ थी। भाई-लोग अपना-अपना रोस्टर लिए फिरते। अफवाहें फैलाते रहते। सुनने में आया था कि जुगाड़ू लोग इसमें भी खेल कर जाते थे।

खैर, एक दिन हुक्म आया कि सारे गैलरी वाले क्लास में इकट्ठा हों। पहुँचे तो पता चला कि जिसका डर था, वो दिन आ पहुँचा है। एक लिस्ट लिए

बेसिक ट्रेनिंग इंचार्ज खड़े थे। सब की साँसें अटकी थीं। जैसे कि लंबी बहस के बाद कोई बेदिल जज बड़ा फैसला देने वाला हो। पिन-ड्रॉप साइलेंस था। नाम और कैडर पढ़े जाने लगे। चेहरे तेजी-से बदल रहे थे। दहेज का सेंसेक्स उसी हिसाब से ऊपर-नीचे जा रहा था। जब बाहर निकले तो मनमाफिक जगह पाने वाले अपनी खुशी बमुश्किल दबाए थे। यह एक तरह से उनका अपने ताजातरीन जिंदा-शहीद साथियों के प्रति भाव-भीनी श्रद्धांजलि थी।

कैडर का बम फूटने के बाद जिंदगी पहले जैसी नहीं रही। ख़ून-खराबे वाले इलाके में झोंके गए भाई लोग गोलीबारी की ट्रेनिंग के प्रति संजीदा हो गए। इधर-उधर पता करने लगे कि सेंट्रल गवर्मेंट में डेप्युटेशन का क्या स्कोप है। लड़की वाले उसी तर्ज पर अपने ऑफर में वांछित बदलाव करने में जुट गए। तथाकथित शांत सूबे वाले बुद्धत्व को प्राप्त हो गए।

राम-राम करते-करते नौ महीने निकले। समय आ गया था कि ट्रक से टैंक बने जुगाड़ों को उनके इलाकों में फील्ड-टेस्टिंग के लिए उतारा जाए। बेजा खतरा नहीं लेना चाहते थे। पहले से उधर वालों को एक फर्रा भेज दिया कि रोज-रोज इनके साथ क्या किया जाना जरूरी है। गंतव्य पहुँचते ही सबसे पहले बख्तरबंद कर बड़े-बड़े लोगों के सामने पेश किया गया। जिनके बारे में अखबारों में पढ़ते थे, उनसे मिलवाया गया। सबने अपने-अपने तरीके से जनता की सेवा के लिए प्रेरित किया। मुझे समझ में नहीं आता था कि आखिर जनता को इतनी सेवा चाहिए ही क्यों? हम भी चौबीस-पच्चीस साल तक 'जनता' रहे। हमें तो किसी ने पूछा तक नहीं। न हमने कभी पुछवाया।

सूबे का एक अपना भी ट्रेनिंग सेंटर था। डेढ़-दो महीने उधर भी खपे। घूमते-फिरते आबंटित जिले पहुँचे। दिमाग खराब न हो जाए इसलिए सबसे टूटी जिप्सी दी गई। पर हमारा सारा ध्यान तो लाल-बत्ती पर था। जब गाड़ी की छत पर इसे लगाकर निकलते तो लगता कि सड़क अपने बाप की है। छोटी पुलिस हमें कौतूहल और भय मिश्रित निगाह से देखती। उनको पता था कि थोड़े दिन की बात है। बछड़ा साँड बन जाएगा। उनकी योग्यता के बारे में सुना ही था। पहला नमूना देखने को मिला जब हमें वैसी ट्रेन पर बिठा

आए जो गंतव्य पर रुकती ही नहीं थी। संयोग से रेल सिग्नल पर रुक गई। वहीं उतर लिए। बड़ी मुश्किल से पास की चौकी ढूँढ़ी।

वहाँ पखवाड़े भर का बड़ा-सा मेला लगता था। सारे उधर ही थे। हम भी वहीं पहुँच गए। एसपी-डीसी बड़े गर्मजोशी से मिले। बारी-बारी से घर बुलाया। बड़ी आत्मीयता दिखाई। मेले में भारी भीड़ जुटती थी। मेरी ड्यूटी वहीं लग गई। पहले दिन ही पता चल गया कि काम टेढ़ा है। एक जरूरत से ज्यादा खाती-पीती महिला को लगा कि मेले में बड़ी अफरा-तफरी है। तफसील से पूछने पर बोली कि वे एक पत्रकार हैं, मेले को 'कवर' करने आई हैं और यहाँ उनके स्वागत-सत्कार का अपेक्षित इंतजाम नहीं है। और कुरेदा तो फूटी कि उसे खरीदारी करनी है लेकिन किसी ने उसके मोटे डिस्काउंट के जन्मसिद्ध अधिकार को उचित मान-सम्मान नहीं दिया। मेरे यह कहने पर कि गरीब शिल्पकारों को क्यों मारती हो बेसाख्ता बोल पड़ी कि कल अखबार में पढ़ लेना। कहने की बात नहीं, अगले दिन रंगीन फोटो के साथ मेले की बद-इंतजामी की खबरें मुख्य पृष्ठ पर छपीं। पुलिस का निट्ठलापन बॉक्स आईटम के रूप में हाईलाइट किया गया था।

समझ में आ गया कि देखे और दिखाए में बड़ा फर्क है। अखबार-टीवी वाले अपनी सुविधा के अनुसार देखते हैं और मकसद विशेष से दिखाते हैं।

सब-कुछ ठीक चल रहा था। इतने में एक दिन बड़े साहब सूबे की राजधानी से पधारे। एसपी के काम का लेखा-जोखा ले रहे थे। शुरुआती स्थानीय सत्कार से मैं भाव-विह्वल था। मन-ही-मन मैंने मान लिया था कि लाड़-प्यार तो यहाँ की उपसंस्कृति है। बेधड़क कमरे में घुस गया। मेरी तरफ देखते ही वे लगभग चिल्लाते हुए बोले—तुम यहाँ क्या कर रहे हो?

बाद में समझ में आया कि वे सोचते थे कि आईपीएस में भर्ती हुए सारे लड़के शहरों के बिगड़ैल शोहदे हैं जिन्हें गाँव की हवा भी नहीं लगी है। शहर में रहकर ये और बिगड़ जाएँगे। इन्हें फौरन किसी देहाती इलाके में दे मारो। देश की आला खुफिया एजेंसी में एक बड़े ओहदे पर थे। खून-खराबा रोकने विशेष लाये गए थे। ठीक से बात करना ये मानव संसाधन प्रबंधन के मूल सिद्धांतों के विरुद्ध समझते थे। दूसरे भाषा-भाषी थे। लेकिन सूबे

की प्रचलित-अप्रचलित गाली-गलौज को कंठस्थ कर गए थे। मौका ताड़कर कमजोर लोगों पर दागने से बिलकुल गुरेज नहीं करते थे। पुराने जमाने में पाँच डकैतों को गन्ने के खेत में ढेर करने के लिए मशहूर हुए थे। यह तब की बात है जब आप ऐसा करके बच सकते थे। उनसे मिलकर मुझे पूरा विश्वास हो गया कि देश की आंतरिक सुरक्षा मजबूत हाथों में है। जहाँ बड़े ओहदेदार खबरें इकट्ठी नहीं करते बल्कि गढ़ते हों वहाँ कभी कोई गड़बड़ी कैसे हो सकती है? आने वाले पचीसियों में यह मेरा पहला तबादला था। कारण सबके एक जैसे थे।

अगले पड़ाव का माहौल देखा-भाला था। किसी बड़े नेता का दौरा था। मेरी ड्यूटी लगी थी। जिप्सी से उतरते-न-उतरते एक बड़ा-सा दिख रहा अधिकारी दहाड़ने लगा। इस बार समस्या ये थी कि मैंने जो वर्दी डाल रखी थी वो गरमियों वाली थी जबकि सरकारी मौसम सर्दियों वाला था। ट्रेनिंग तपती भट्ठी में हुआ था। मुझे पता ही नहीं था कि सर्दियों की वर्दी अलग होती है। लेकिन असली बात समझ आ गई। हालात जो हों, सरकारी नियम को बदला नहीं जा सकता। तर्क को मारो गोली। अनुशासन सर्वोपरि है।

पहले संकट ने भी दस्तक देने में देर नहीं की। हुआ यूँ कि गाँव का लड़का राष्ट्रीय राजधानी के आसपास किसी फैक्टरी में मजदूरी करता था। उसका एक हाथ मशीन में कट गया। फैक्टरी के मालिक ने उसे 'भैया' समझ दुत्कार कर भगा दिया। उन दिनों एक प्राइवेट गेस्ट हाउस में ठिकाना था। मुझे ढूँढ़ते-ढूँढ़ते वो वहाँ पहुँच गया। उसकी हालत मुझसे देखी न गई। भूखा था। मैंने रसोईये को कहा कि कुछ बना दो। वो लीडर टाइप था। साफ मना कर गया। मैं उत्तेजित था ही। गुस्से में एक जड़ दिया। बात लोकल साहब तक पहुँची। अगले दिन मुझे बुलाया। काफी देर सामने बिठाए रखा। दिल के बहुत अच्छे थे। बड़ा खयाल रखते थे। कम बोलते थे लेकिन नियंत्रण पूरा था। पूरी गंभीरता से बोले 'अगर इस नौकरी से ज्यादा उम्मीद रखोगे तो बहुत कष्ट पाओगे।' वो बात मुझे आज तक याद है। गाँठ बाँध रखी है।

एक दिन दहाड़ने वाले अफसर का वायरलेस आया-फलाँ समय और तारीख को दफ्तर में आकर मिलो। नया-नया डरना सीख रहा था। सोचा अब क्या

कर दिया? खैर, तय समय पर पहुँचे तो बड़े गर्मजोशी से मिले। मेरी साप्ताहिक डायरी पढ़कर बड़े खुश थे। बोले तुम कमाल की अंग्रेजी लिखते हो।

इससे बड़ी विडंबना क्या हो सकती थी? अंग्रेजी व्याकरण की किताब कभी देखी नहीं थी। अंग्रेजी साहित्य में कोई रुचि न थी। बस अपनी बात रखता था। किसी ने मुझे यह सिखाया नहीं था। पढ़ते-लिखते कब रफ्तार पकड़ ली, पता ही नहीं चला। जो भी हो, अंग्रेजी के अच्छे सवार घोषित होने का आगे फायदा भी हुआ और नुकसान भी। फायदा यह हुआ कि कहने को कम-से-कम एक अच्छी बात पक्की हो गई। यह लड़ाकों का जमावड़ा था। सबके बारे में बातें होनी ही होनी थीं। स्वभाव के अनुरूप लड़ाके जब भी करेंगे, वार ही करेंगे। इसमें वो अपना-पराया नहीं देखते। नुकसान यह हुआ कि कभी वैसे दबंग अफसर का रुतबा हासिल नहीं हुआ जो 'जूत थ्योरी' पर चलते थे और सिपाहियों के किए को खुद का बताकर गैलंट्री मेडल झटक लेते थे। ऐसा कहलाने के लिए थोड़ा उजड्ड और बड़बोला होना जरूरी था।

तीन बातें छनकर आ रही थीं। एक, चीजें जैसी दिखती हैं ज्यादातर वैसी होती नहीं हैं। दूसरा, डर से लड़ाई कभी खत्म नहीं होती। थोड़ी नजर हटायी नहीं कि ये हावी होने लगता है। तीसरे, यात्रा का सारा आनंद इसकी अनिश्चितता में है। सब-कुछ अगर पहले से पता, देखा-देखाया हो तो मजा जाता रहता है।

19 | साफ इमेज की धोबीगिरी

हम हवा में डोल रहे तिनके नहीं, उड़ते हवाई जहाज हैं
जो अपने हिसाब से टेक-ऑफ और लैंडिग करता है।

आत्मविश्वास हवा की तरह है। जरूरी है। पर मुश्किल से पकड़ में आती है। एक सुंदर प्रेयसी की तरह हमेशा खोने का भय रहता है। दूसरे भी इस पर नजर गड़ाए रहते हैं।

एक तरह से देखें तो अरबों साल से इस घूमती, नाचती धरती और एक दूसरे से दूर भागते तारामंडल में हमारी औकात ही क्या है? पल-भर, कण-मात्र भी तो नहीं! फिर भी जिसे देखो दुनिया जीतने से कम की बात ही नहीं करता। जरूरत पूरा करने की सैर को घर भरने की दौड़ बनाए बैठा है।

सबसे आगे, सबसे बड़ा, सबसे ज्यादा की लालसा कब चेतना को ग्रस लेती है, पता ही नहीं चलता। शिकार को लगता है कि वो शिकारी है। जिंदगी जाल बिछाने में, मछलियाँ पकड़ने में निकाल देता है। फिर अंत काल राम कहाँ से आएँगे। फिसली मछलियों का मलाल, सड़ती की दुर्गंध, सहेज कर रखी की अर्थहीनता सामने खड़ी मिलती है।

जिंदगी यूट्यूब पर अपलोड वीडिओ तो है नहीं कि फिर से स्ट्रीम कर लेंगे। इसमें डाउनलोड का बटन भी नहीं है। गई तो चली ही जाती है। कमाल

की बात ये है कि इस रास्ते पीछे आने वाले भी बदहवासी में हाँफते मिलते हैं। अपने अर्थहीन अंजाम तक सरपट दौड़ रहे होते हैं। इससे बचने की राय-शुमारी की दुकान खोले गुरु किस्म के लोगों की रफ्तार तो इनसे भी दुगनी होती है। किसे समझने की गरज है? कौन समझाए? आत्मवंचना में डूबे लोग बाजारू व्यवस्था में इस जीवन शैली को सफलता का टैग लगाकर बेच रहे हैं। न खरीदने वाले को मूर्ख, आलसी, बेकार, धरती पर बोझ कहकर लांछित करते हैं। खरीदने वाले अंत आते-आते यह समझने लगते हैं कि तमाम भाग-दौड़ और पसीना बहाने के बाद भी वो लालची, चालाक और धरती के लिए श्राप ही समझे गए हैं। लेकिन जिंदगी तब तक गुजर गई होती है।

अब सवाल यह है कि जब प्रचलित विचार की आँधी हमें उड़ाने में लगी है तो हम टिके कैसे रहें? कैसे इस सोच को पकड़कर रखें कि हम हवा की मर्जी से इधर-उधर डोल रहे तिनके नहीं हैं। बल्कि उड़ते जहाज हैं जो अपने हिसाब से टेक-ऑफ और लैंडिंग करता है। 'पृथ्वी ग्रह की यात्रा' वाले मॉडल से ऐसा करना आसान लगता है। जिंदगी एक 'कस्टमाइज्ड टूर' है। अपने रास्ते चल रही है। हम अच्छे-बुरे अनुभवों का अच्छा-बुरा मना रहे हैं। बेहतर होगा कि टूर डायरी में यात्रा के अच्छे वृतांत लिखें। जब भगवान पढ़ें तो वाह-वाह कर उठें। यही जीवन है। इसी में मुक्ति है। बाकी अपनी-अपनी श्रद्धा है।

जब आईपीएस में भर्ती की हरी झंडी मिली तो माहौल 'तख्ता-पलट' का था। बड़े-छोटे, साथी-संगी, गाँव-जाति, इलाके-अखबार के लोगों ने विधिवत मान लिया था कि मुझमें हनुमान का बल, सरस्वती की बुद्धि और सूर्य का तेज आ गया है। 'फील' विश्वविजयी सिकंदर वाली थी। इधर आने पर पता चला कि ये ज्यादा-से-ज्यादा 'पाला-बदल' था। यहाँ पहले से ही बड़े-बड़े घाघ मौजूद थे। कहा गया कि फटाफट कतार में लग जाओ और लाइन से आगे बढ़ते जाओ। अगर बड़े लोगों के हिसाब से चलते रहे तो इनके हिस्से वाली मौज थोड़ी-बहुत तुम भी ले लोगे। नहीं तो दे मारने में जरा भी देर नहीं करेंगे। चलते-चलते जब शरीर और मन दोनों टूट चुके होंगे तो धकिया कर नीचे उतार देंगे। दशकों खास जिंदगी जीने की लत डाल एक दिन वापस आम आदमी बना देंगे। किसी मुगालते में न रहना।

मुझे दरोगा लोहा सिंह वाली कुर्सी के लिए तैयार किया जा रहा था। पेशेवर शुभ-चिंतक चेता रहे थे कि तीन महीने के इस महातीर्थ में अर्जित पुण्य पूरी उमर काम आएगा। जरा सँभल के। 'फर्स्ट इंप्रेशन इज द लास्ट इंप्रेशन'। यहाँ जो 'छवि' बनेगी, पूरी उम्र वीआईपी मोटरकेड के पायलट जिप्सी की तरह आगे चलेगी। सख्त, ईमानदार वाली वेरायटी ठीक रहेगी। लोग देखते ही पूँछ अंदर घुसा लेंगे।

आगे मैंने पाया कि पुलिस की छवि द्रौपदी के चीर की तरह है। इसके हरण के लिए इसके हजारों पतियों में से किसी को जुए वाली टूर्नामेंट में हारने की भी जरूरत नहीं है। यह तो लोक-मनोरंजन का सस्ता-सुलभ जरिया है। जिसके जी में आता है, खींचना शुरू कर देता है। मजे लेने वालों का हुजूम तैयार खड़ा मिलता है। समय पर कोई कृष्ण बचाने को नहीं आता। हुकूमत की साँस ऊपर-नीचे होने लगती है। इसके आदि ग्रंथ में ही लिखा है कि इसका पुलिसवाला काम आले दर्जे का होना ही चाहिए। सरकार को नींबू की तरह निचोड़ने के शौकीन और तख्ता-पलट के जुगाड़ में लगे नामचीन के हाथ पुलिस की तार-तार इज्जत बड़ा धारदार हथियार है।

ठग-बदमाशों पर कहर बनकर टूटने के बजाय पुलिस बेचारी आधे समय अपनी इज्जत बचाए फिरती है।

थानेदारी के दिन करीब आ रहे थे। मेरी शंका बढ़ती जा रही थी। एक उम्रदराज डीएसपी से एक दिन पूछ ही लिया—मुझसे थाना-वाना चल तो जाएगा? उन्हें कुत्ते पालने का बड़ा शौक था। उनके बारे यह उड़ी हुई थी कि अपने सारे खर्चे का बेगार नीचे के थानेदारों पर डालते हैं। यहाँ तक कि कुत्ते को टीका भी कोई मुफ्त में लगवाकर लाता है। बोले जनाब, चिंता न करें। थाना चलेगा नहीं, दौड़ेगा। अपनी हालत पहली बार कैमरे के सामने शॉट दे रहे एक्टर की तरह थी। लोगों ने कुछ-न-कुछ उड़ाना ही था। सोचता था किसी तरह अच्छा उड़ जाए तो आगे सुविधा रहेगी।

मेरी शंका बेजा नहीं थी। थाने के मुंशी की कुर्सी सँभालते ही भसड़ का अंदाजा लग गया था। रात की शिफ्ट मैं रोजनामचे पर बैठता था। बगल में काले रंग का लोकल काल वाला टेलीफोन था। यह अकसर खराब ही

रहता था। सूचना के लिए थाने का रोजनामचा एक बड़ा-सा रजिस्टर होता है। इसमें उर्दू-अरबी-फारसी-हिंदी-अंग्रेजी मिश्रित भाषा में सारी गतिविधियों का ब्योरा लिखा जाता है। डायरी समझ लीजिए। अकसर इसे बंद ही रखा जाता था। जब कोई मुकदमा दर्ज होता तो इसमें एंट्री उसी हिसाब से डाल दी जाती थी। इसके हिसाब से थाने में कोई आता ही नहीं था। मुस्तैद थानेदार हमेशा गश्त पर रहता और लुट-पिट गए को किसी चौक-चौराहे पर मिलता। बदमाश को हमेशा नाके पर ही पकड़ता। बाद में जब इसे कंप्यूटर पर चलाने की बात आई तो संकट खड़ा हो गया कि इसकी घड़ी से झूठ कैसे बुलवाएँ। लेकिन जैसा कि कहते हैं कि पुलिस की मार के डर से गूँगा भी तोते की तरह बोलने लगता है, कंप्यूटर भी लाइन पर आ गया। यही क्यों? पुलिस की जिप्सी की भी जान निकल गई थी। हुआ यूँ कि किसी ने बड़े साहब को चुगली कर दी कि ड्राइवर तेल चोरी कर लेते हैं। जिप्सी की माइलेज कम दिखाते हैं। किसी और का भ्रष्टाचार बिलकुल बर्दाश्त नहीं करने के लिए मशहूर साहब तैश में आ गए। हुक्म दे डाला कि सारी जिप्सी अगले दिन से नौ के बजाय ग्यारह किलोमीटर पर एक लीटर पेट्रोल पिएगी। मौके की नजाकत को भाँपते हुए जिप्सी ने ऐसा करना ही उचित समझा।

कहते हैं कि आवश्यकता आविष्कार की जननी होती है। मुझे तो यह सब की बाप लगी। थाने में तैनात पुलिसकर्मी एक तो संख्या में थोड़े थे। और जो थे भी तो अपने-अपने कारण और जुगाड़ से वहाँ लगे थे। दो-चार तो शाम होते ही मुफ्त की शराब पीकर फैल जाते थे। दो-चार किसी काम से जाते तो दो-तीन दिन वापस ही न लौटते। एक-दो सच्चे-झूठे बीमार रहते। संतरी और मुंशी थाने से हिल नहीं सकते थे। कुल बीस-बाईस में चार-पाँच ही थे जो किसी काम के थे। थाने क्षेत्र की आबादी तीस-चालीस हजार की थी। ऐसे में कोई ठग लूट जाए, भिड़-मर-कट जाए तो ये चार किस-किस को रोक-पकड़ सकते थे। मेरी हालत गणित के उस छात्र की थी जो भौतिकी में गोल था। साइकिल को देखकर सोचता कि यह बायें गिरेगी या दायें। खड़ी कैसे रह सकती है?

खैर, थाने की मुंशीगिरी के दौरान एक दिन शहीद होते-होते बचा। देर रात नशे में धुत एक थानेदार भरी पिस्टल मेरे ऊपर उछालते हुए चिल्लाया,

'ओय मुंशी, असला जमा कर ले'। कलाकार आदमी था। दो-तीन दिन गायब रहने के बाद बीवी-बच्चे के साथ लौटा। स्क्रिप्ट के हिसाब से सारे बारी-बारी, फिर कोरस में रोए। सारा दोष शराब पर मढ़ते हुए जिंदगी भर इसे न छूने की कसमें खाईं। मैं पसीज गया। कड़क अफसर की छवि बनाने का एक मौका इस तरह से हाथ निकल गया।

थाने पहुँचते ही शोर मच गया कि नया कप्तान थानेदार लग गया है। नवसिखुए का कोई भरोसा नहीं। तीन महीने की बात है। एडजस्ट कर लो। पुलिसिया प्रबंधन शास्त्र में मुंशी को थाने की माँ का दर्जा हासिल है। वो बाहर खड़ा मिला। हट्ठा-कट्ठा था। नीची आवाज में बोला 'साहब बहादुर, जयहिंद!' अंग्रेजों के दिनों में पिट्ठुओं को राय बहादुर का खिताब दिया जाता था। सरकार में जो फिट थे उनको कोई-न-कोई बहादुर तो होना ही था। अंग्रेजों की अन्य अनमोल विरासत की तरह इसे भी बड़ा सहेज कर रखा गया था। अफसर खुश थे कि उन्हें बिना लड़े बहादुर का खिताब मिल रहा है। पागल हैं जो मना करें?

उसके बगल में पतला-सा थानेदार था। उसकी कुर्सी मेरी ट्रेनिंग के चक्कर में ताजा-ताजा गई थी। मुँह लटका हुआ था। सुनने में आया कि सिफारिशी था। उससे पीछा छुटाने का यह तरीका गजब का था। डरा हुआ था कि थाने में उससे कटनेवाले कहीं उसके खिलाफ मेरा कान न भर दें। संतरी के बट सैल्यूट को लाँघता मैं थानेदार के कमरे में जा घुसा।

कहते हैं कि थानेदार अपने इलाके का सबसे ताकतवर आदमी होता है। आपराधिक दंड संहिता के सारे छंद इसी को समर्पित हैं। सब की इच्छा होती है कि उसका बेटा थानेदार लगे। कम-से-कम उससे उठ-बैठ तो जरूर रखे। बड़ा आदमी होने का अर्थ ही है प्रत्यक्ष या परोक्ष रूप से थानेदार पर रौब गालिब करने की हैसियत। यही ललक ठेकेदार-कारोबारी, राजे-रजवाड़ों, ज्ञानी-विज्ञानी, शरीफ-बदमाशों, जमींदार-साहूकारों को गरीबों के आगे एक अदद वोट के लिए हाथ जोड़ने को उद्धत करती है। जिंदगी व्यर्थ है अगर थानेदार जेब में न हो। सबके सामने जब एड़ी बजाकर सैल्यूट करता है तब जाकर उनको और उनके साथ वालों को लगता है कि जिंदगी में कुछ

हासिल हुआ। इस महान उपलब्धि के बगैर सब खाली-सूना, आधा-अधूरा लगता है।

पिछले थानेदार को इलाके से चुने गए जनता के नुमाइंदे ने लगवा रखा था। विधायक जी सरकार के मुँहलगे थे। रौब गालिब करने के लिए प्रसिद्ध थे। कहने के लिए तो वे सब के प्रतिनिधि थे लेकिन अपने राजनैतिक विरोधियों को चीनी-पाकिस्तानी से भी बड़ा दुश्मन समझते थे। थानेदार से उनकी दो सरल अपेक्षाएँ थीं–एक तो अगर उनका कोई आदमी उनके राजनैतिक विरोधी को कूट रहा हो तो पुलिस सोती रहे। और खुदा न खास्ता अगर विरोधी भारी पड़ें तो फिर पुलिस उनको धुन दे। इससे कम उनको गँवारा न था। ये देखने के लिए पुलिस अपनी इस ड्यूटी को ठीक से कर रही है, उनके चमचे थाने में डेरा डाले रखते। सुनने में आया था कि जो सबसे तगड़ा चमचा था उसकी जवान बेटियाँ थीं। उनका लाड़ला इस सहूलियत का भरपूर फायदा उठा रहा था।

मैंने थानेदार को कहा कि आप तो डटे रहो लेकिन इन जम्हूरों को कहो कि कोई और सरकारी दफ्तर ढूँढ़ लें। मुंशी दूसरी जाति का था। इनको चाय पिला-पिला, पकौड़े खिला-खिला और इनकी बकवास सुन-सुनकर तंग हो चुका था। चुपके से बोला जनाब इनसे हाथ न मिलाना, इनका मोरल इतने में ही डाउन हो जाएगा। उसका दूसरा ज्ञान था–लोगों से धमका कर बात करना, नहीं तो सिर पर चढ़ जाएँगे। उसका एक मिनट का ट्यूशन साल भर की ट्रेनिंग पर भारी पड़ा। समझ में आ गया कि लोहे को लोहा ही काट सकता है। थाने से फालतू की कुर्सी और चाय-पकौड़े की दुकान रातों-रात गायब हो गई।

हल्ला मच गया कि चमचे बेघर हो गए हैं। उनके राजनैतिक विरोधियों ने उड़ा दिया कि बड़ा सख्त अफसर आया है। अब न्याय और सिर्फ न्याय होगा। मैं तब समझ नहीं पाया कि इनके लिए न्याय उन सब लात-जूतों से बचना था जो इन्होंने अपने समय में अपने तब के विरोधियों और अबके सत्ताधारी दलों के आदमियों को लगाया-लगवाया था। विधायक जी तिलमिलाए। ऊपर रोए। कहा गया कि थोड़े दिन की बात है, सब्र रखिए।

चेले-चमचों की हालत बिना गोला गटके भंगेड़ी जैसी हो रही थी। उनपर एक-एक दिन भारी पड़ रहा था। थाने की आवभगत और लोगों पर रौब-दाब के बिना वे बिन पानी मीन की तरह तड़प रहे थे। विधायक जी मिलने विशेष सर्किट हाउस पधारे। बोले मैं आपके काम से बड़ा खुश हूँ। ट्रेनिंग खत्म होते ही यहीं का एसपी लगवा लूँगा। जरा मेरे लोगों को एडजस्ट करके चलिए। साल भर की ट्रेनिंग आड़े आ गई। उनको लंबा भाषण पिला वापस भेजा। वे बेहद बुरा मान गए। सारा जोर लगा दिया, लगाते रहे। ऊपर के अफसर भी उसके बड़बोलेपन से तंग थे। मुश्किल से बर्दाश्त कर रहे थे। उन्हें फँसा देख प्रफुल्लित थे। मैं इन सबसे अनजान अपना पहला इंप्रेशन धाँसू बनाने में लगा हुआ था।

छोटे-बड़े लीडरों से बम-चिख से जो समय मिलता तो मैं इलाके में घूमने में लगाता। सरकारी ठेके से पीकर लौटते की अच्छी खबर लेता। जुए-सट्टे वाले को धर लाता। दूसरे दफ्तरों में दलाली करने वाले की भी सूची बना ली। बनिए-दुकानदारों को तंग करने लगा कि अपना सामान दुकान के अंदर रखो। गाड़ी सड़क पर न खड़ी किया करो। वे सारे विधायक और उसके चमचे के आगे रोते।

एक बार तो इकट्ठे होकर थाने ही पहुँच गए।

प्रजातंत्र में कानून का राज होता है। इसका मतलब यह हुआ कि शेर और बकरी एक ही घाट में बेखौफ पानी पी सकते हैं। शेर को अपनी ताकत का गुमान नहीं होना चाहिए। न ही बकरी को अपनी कमजोरी का मलाल। कचहरी-पुलिस इसलिए बनायी गई है कि जो इस नियम को तोड़े, ये उसको तोड़े। लेकिन ताकतवर और पैसों वालों को ये कहाँ मंजूर? धन और संख्या बल को चुनावी बाध्यता से जोड़कर मनमानी करने का रास्ता निकाल ही लेते हैं।

सौ-पचास लोग थे। जोर-जोर से चिल्ला रहे थे। उनका कहना था मेरे काम से व्यापार पर विपरीत प्रभाव पड़ रहा है। विधायकजी का जनाधार खिसक रहा है। सरकारी दफ्तरों में काम बंद हो गया है। सूचना के लिए दलाल खतरा मँडराते देख खिसक लिए थे। ज्यादातर अधिकारी-कर्मचारी सीधे

'फीस' लेने से बचते थे। इसके बगैर काम करना उनको गँवारा न था। सो तरह-तरह के बहाने बनाकर बायें-दायें हो लिए थे।

उनमें एक ब्लड प्रेशर का मरीज था। जोश में चिल्लाया-ऐसी पुलिस को गोली मार देनी चाहिए।

पुलिस वाले ज्यादातर गरीब घरों के थे। उनके यहाँ एक कमाने और दस बैठ कर खाने वाले का हिसाब था। निट्ठल्लों और बेरोजगारों की फौज का पेट भरने की मजबूरी थी। घर से दूर नौकरी करना उनके लिए मुश्किल था। चमचों के मार्फत विधायक को पकड़ लेते। दोनों का काम चलता रहता। छोटी-मोटी बात को नजर-अंदाज कर देते थे। कभी पी-पाकर गाली निकाल मन की भड़ास निकाल लेते थे। पुलिस को गोली मार देने वाली बात माइंड कर गए। आम तौर पर शांत रहने वाले मुंशी के हाथ में रोजनामचे पर लाइन खींचने वाली इंची थी। उसने आव देखा न ताव, आपा खो रहे लाले को दे मारा। फिर क्या था? अच्छे लट्ठ बजे। आम तौर पर अलग-अलग से दिखने-करने वाले थानेदार-हवलदार-सिपाही इस काम में एक जैसे थे। पाँच-दस उधर से, दो-तीन इधर से घायल हुए। मुकदमा दर्ज हुआ। सबका नाम चुन-चुनकर लिखवाया। सारे इलाका छोड़ गए। मेरी छवि एक लट्ठमार पुलिस अफसर की बन गई। आगे पंचायत के चुनावों में ब्लाक-स्तर की मीटिंग में लोगों को यह कहकर चेताया गया कि अगर गड़बड़ की तो नए कप्तान को खुला छोड़ देंगे। चुनाव शांतिपूर्ण हुए।

एक और तरीका बड़ा कारगर साबित हुआ। मैंने अपने गाँव की तर्ज पर पंचायत करने के शौकीनों की लिस्ट बनाई। बुलाकर बता दिया कि मुझे पता है कि सारे झगड़े तुम ही कराते हो। आगे से अगर कोई झगड़ा हुआ तो एक मुलजिम तुम तो पक्के। सुनने में आया कि उस तुगलकी फरमान के बाद उन्होंने गाँव से बाहर निकलना छोड़ दिया। चक्कर काटते रहते कि कोई लड़ न पड़े और उनके गले एक मुकदमा न पड़ जाए।

पाला-बदल के बाद मैंने दुनिया को दूसरी तरफ से देखा। हालत एक से दिखे। किताबी बातों का जमीनी हकीकत से कुछ लेना-देना नहीं था। प्रजातंत्र की चमचमाती, लच्छेदार व्यवस्था के पीछे वही मध्यकालीन सामंती

शक्तियाँ जोर मार रही थीं। जनता के नाम पर टुकड़ों में बँटे लोग थे। कोई अपने निजी हित से आगे देखने को तैयार न था। मुझे भी तो अपनी तथाकथित छवि की ही चिंता थी।

गरीबों के लिए कोई रास्ता न था। ताकत और पैसे वाले कोई-न-कोई ढूँढ़ ही लेते थे।

20 | मुख्यधारा का विस्तार

तीरंदाजी में पैसे हों तो लोग पुलिस पर गोलियाँ क्यों चलाएँगे?

मुझे लगता है कि प्रकृति हमको क्या और कैसे में एक को चुनने का अधिकार देती है। अगर आप अपने रास्ते चलना चाहते हैं तो इस बात की कोई गारंटी नहीं कि आप जहाँ चाहते हैं वहाँ पहुँचेंगे भी। अगर मन में कुछ ठान लें और कैसे होगा इसकी जिद न करें तो अकसर आप मुकाम पर होते हैं।

मेरे सारे सपने अपने-अपने तरीके से, अपने-अपने समय पर पूरे हुए। मैंने बस नजर गड़ाए रखी।

फील्ड-टेस्टिंग के बाद हम दोबारा वापस ट्रेनिंग एकेडमी पहुँचें। अब कमान एक तंगदिल डायरेक्टर के हाथ थी। उसे चिट्ठियाँ लिख कर सबको डराने का खासा शौक था। रोजी-रोटी का सवाल था। लोग डर भी जाते थे। फैकल्टी तक की साँस अटकी रहती थी। नेतृत्व क्षमता से सराबोर और बाहर की हवा खा आए भाई लोगों को यह आतंकी माहौल पसंद नहीं आया। हमारे बीच के डॉक्टरों ने पीटी-ड्रिल के बाद डायरेक्टर के 'डिवाइन लाइट' दिखाने के लिए ध्यान कराने के शौक को अवैज्ञानिक और स्वास्थ्य के लिए हानिकारक करार दिया। पता नहीं कब, किसने फैसला किया लेकिन

साथ सारे हो लिए। देखते-देखते विरोध करने के तरीके पर भी मुहर लग गई–उस्ताद के कहे के हिसाब से ड्रिल नहीं करेंगे! बारिश होने लगी थी। शेड में चले जाने का हुक्म हुआ। लेकिन सारे खड़े भीगते रहे। शाम को अफसर मेस में आधिकारिक डिनर था। फौज के अफसर भी आए थे। वहाँ भी भाई लोगों ने बॉयकाट करा दिया। फैकल्टी ने इज्जत का हवाला दिया। कोई टस-से-मस न हुआ। मेरी समझ में कुछ नहीं आ रहा था। बस जो हो रहा था, उसमें साथ थे।

अगले दिन डायरेक्टर ने सबको एक जगह इकट्ठा किया। बोले, हम पुराने घाघ हैं। तुम जीत नहीं सकते। ऊपर बता रखा है। अगर घंटे भर में सबने लिखित में माफी नहीं माँगी तो पूरे बैच को बर्खास्त करा देंगे। फिर क्या था! सारी हेकड़ी मिनट में हवा हो गई। माफीनामा जमा कराने सारे एक दूसरे पर गिरे जाते थे।

उस दिन समझ में आया कि कैसे देखते-देखते कुछ लोगों के फैसले सबके हो जाते हैं। कैसे बिना सोचे-समझे लोग भेड़-चाल में शामिल हो जाते हैं। दुनिया भर में बड़े-बड़े फसाद इसी तरह से शुरू होते हैं। चलते रहते हैं। गाँव में भी यही हो रहा था। किसी को कोई बात ठीक नहीं लगती है। घुमा-फिरा कर वे इसे सबका झगड़ा बना देते हैं। फैसला कर लिया कि दोबारा कभी भीड़ में शरीक नहीं होंगे। ट्रेनिंग गई तेल लेने। अपने बुद्धि-विवेक का इस्तेमाल दोबारा शुरू करेंगे।

पासिंग-आउट परेड क्वालिटी कंट्रोल का ठप्पा लगाने जैसा है। चलो जी, बक्सा डिलिवरी वैन में डाल दो। वैसे तो यह बड़े गाजे-बाजे के साथ परेड ग्राउंड में होता था। लोग धीरे चाल से 'जनता की सेवा में पहला कदम' रखते थे। शायद इसीलिए पूरी उमर धीरे ही चलते थे! बारिश की वजह से हमारा बाहर-निकाला ऑडिटॉरियम में हुआ। कहते हैं कि पहले ऐसा कभी नहीं हुआ था। मौसम डायरेक्टर से नहीं डरा। बारिश वीआईपी के व्यस्त शेड्यूल के हिसाब से ही हुई।

वापस सूबे पहुँचा तो एक बड़े शहर में पोस्टिंग हो गई। नवसिखुआ कंट्रोल में रहे, शायद इसीलिए एसपी दफ्तर में ही रखा गया। प्रोटोकोल और

पेट्रोलिंग ड्यूटियाँ लगती थीं। जल्दी ही समझ में आ गया कि आईपीएस अफसर निष्ठापूर्वक जाति, क्षेत्र, डायरेक्ट, प्रोमोटी, चहेते, दरकिनार में बँटे थे। वैसे सारे रौब झाड़ते थे। लेकिन जब काम की बात होती तो रोते कि पुलिस को तो कोई पावर ही नहीं है। ऊपरवाले सिर धुनते कि उनकी कोई सुनता नहीं। नीचेवाले कहते कि वे खून पीते रहते हैं। शायद ही किसी को किसी जगह किसी योग्यता विशेष के लिए लगाया गया था। सबने किसी-न-किसी को पकड़ रखा था। पता नहीं किस बात की, लेकिन हर कोई कोई-न-कोई मौज ले रहा था।

डीआईजी इंस्पेक्टर से प्रमोट हुआ था। सीधे भर्ती हुए आईपीएस अफसरों से चिढ़ता था। अपने को अपनी जाति का झंडाबरदार समझता था और था भी। सुर बदलने में माहिर था। किसी मंत्री का फोन आते ही मुँह में चासनी भर लेता। बलात्कार के मुकदमे की केस डायरी हवलदार से सुनने का शौकीन था। रह-रह कर उसपर गरजने लगता। एसपी से उसकी लगती थी। किसी-न-किसी बहाने उसके दफ्तर जाकर बैठ जाता। मुगल बादशाहों की रंगरलियों के किस्से चटकारे लेकर सुनाता। जैसे कि उसका बटलर-खानसामा रहा हो। एसपी के पीठ पीछे विस्तार से बताता कि ऊपरी कमाई से उसने कहाँ-कहाँ फार्म हाउस खरीद रखा है। मुझे अचरज होता कि क्या इसी काम के लिए इसको मोटी तनख्वाह, बंगला, मोटर और ऐशो-आराम मिला हुआ है?

सब-कुछ जैसे-तैसे चल रहा था। इतने में एसपी ने चुपके से एक खेल कर दिया। एक सड़क दुर्घटना का मामला था। सड़क किनारे जूते सीने वाले मोची पर एक सरदार ने अपनी लंबी गाड़ी चढ़ा दी थी। बेचारा चल बसा। गरीब था। इसे किसने पूछना था। सरदार डीआईजी की शरण में पहुँच गया। उसने किन्हीं अज्ञात कारणों से जैसे इसे गोद ही ले लिया। जिस किसी पुलिसवाले ने इसे बुलाने की जुर्रत की, डीआईजी ने उसका बोरिया-बिस्तर उसी दिन गोल कर दिया। मुकदमा अनट्रेस कर कोर्ट भिजवा दिया। जज को लगा कि गड़बड़ है। एसपी को लिखा कि मुकदमे की जाँच फिर से करो। भाई ने चुपके से वो फाइल मुझे पकड़ा दी। मैंने सरदार को उसके अंजाम तक पहुँचाने में बला की फुर्ती दिखाई। फिर क्या था? डीआईजी ने विकराल

रूप धारण कर लिया। मेरा एक और तबादला हो गया। इस बार यह सूबे के पुलिस ट्रेनिंग सेंटर में था।

कहते हैं कि सरकार में हर अच्छे काम की सजा जरूर और जल्दी ही मिलती है।

एक एएसपी का वहाँ पहुँचना अस्वाभाविक माना जाता था। बाद में समझ में आया कि यह अभिमन्यु को चक्रव्यूह में फँसाने जैसा था। पहले कोई काम न दो। फिर फैला दो कि यह कुछ करता ही नहीं है। सीधे भर्ती हुए आईपीएस अफसरों का आपस में कोई खास भाईचारा न था। यहाँ दो-चार को हाशिए पर डालने और पूरे करियर कंडम रखने का रिवाज था। ऐसे लोग बाकी को डराने के काम आते-अगर ज्यादा हेकड़ी दिखाई तो उसी का हाल करेंगे।

जो सरकार के करीब होते थे, उनका जलवा ही कुछ और होता। दो-तीन जने पूरी पुलिस चलाते। कहना मुश्किल था कि मिलकर ऐसा करते थे। बड़ी गाड़ियाँ, पुलिसिया ताम-झाम और रौब-दाब इनका ट्रेडमार्क था। इन में से अगर कम-से-कम एक की भी 'गुड बुक' में आप न हुए तो भगवान भी आपकी मदद नहीं कर सकता था। यह उन दिनों की बात है जब अफसरों की थोड़ी-बहुत चला करती थी। अब तो घुड़की दे जिससे जब जितना मनवा लें उतना ही समझो।

छह महीने ट्रेनिंग सेंटर में काटे। सोचता था सरकार ने हनीमून की छुट्टी दे रखी है। बाकियों ने आदत के अनुरूप यह निष्कर्ष निकाल लिया कि यह तो गया। मरने दो। डीजीपी से मिला तो बोले कि एक मौका दिया गया था, तुमने 'बॉच-अप' कर दिया। तब जाकर कहीं समझ में आया कि फील्ड पोस्टिंग तो एक कृपा थी जो चहेतों पर ही की जाती थी।

मुझे ऐसे लोगों और हालात की आदत बचपन से ही पड़ी हुई थी। विचलित न हुआ। अब समझ में आया कि इंटर्गलैक्टिक टूर ऑपरेटर ने मुझे एक घुप अंधेरे गाँव में क्यों पटका था।

इतने में बगलवाले सूबे के हुक्मरान को आतंकवादियों ने बम से उड़ा दिया। मुझे अपने सूबेवाले को बचाने में लगा दिया गया। साथ-साथ फिरता

रहता। चेले-चपाटे किस्म के पुलिसवालों ने मोर्चा सँभाल रखा था। मेरा कोई खास काम न था। लेकिन इतने बड़े आदमी के साथ अगर कुछ अनहोनी हो जाए तो कोई साथ जाने वाला तो चाहिए था। अगर बच भी गए तो बलि का बकरा तो चाहिए ही चाहिए था। मेरी नई-नई शादी हुई थी। बड़े अफसरों ने गजब की सूझ-बूझ दिखाई थी।

चुनाव हुआ। मेरी किस्मत ठीक थी। सरकार बदल गई। मैं जिले का एसपी लग गया। बड़बोला डीआईजी अपने आका के साथ ही वीरगति को प्राप्त हुआ। तब का सूबे का पुलिस मुखिया भी एक कैदी को पैरोल देने के एवज में पचास हजार का घूस लेता रंगे हाथ धरा गया।

सच कहते हैं कि आदमी नहीं समय बलवान होता है।

खैर, जिले में भी कोई निर्मल आनंद न था। ऊपर के दो-तीन अफसर हाथ धोकर पीछे पड़े रहते। डीसी के नखरे सो ऊपर से। पुलिस चलाना चाहता था। एक दिन उसने सपरिवार अपने खानसामे को कुछ ज्यादा हड़का दिया। भावुक किस्म का पहाड़ी था। किरासन तेल छींटकर आग लगा ली। एक महीने बाद मर गया। डीसी का जो हुआ सो हुआ, मेरा भी एक और तबादला हो गया। कारण पूछा तो बोले बस ऐसे ही। अकेले डीसी का तबादला जँच नहीं रहा था। तर्क सुनकर मुझे देश के माली हालात के एक और कारण का पता चल गया।

हर चार-पाँच महीने में लिस्ट आती। मैं जिले से लगता-हटता रहता। समझ में आने लगा कि जो कुछ इस नौकरी के बारे अंदाजा लगाया था, गलत था। मेरे होने न होने से कोई फर्क नहीं पड़ता था। घड़ी-घड़ी के तबादले और अपने को भगवान समझने वालों से बचने के लिए मैंने केंद्र सरकार जाना ही ठीक समझा। कम-से-कम चार साल कोई तबादले की बात तो न होगी। सोचा कि वहाँ के अपने लफड़े होंगे लेकिन कम-से-कम सूबेवाली बम-चिख तो न होगी।

वहाँ मैं एक अफसर से मिला। एक बड़ी स्कीम बनाई थी। बड़ा नाम था उसका। मुझे एक बार लगा कि क्या मैं कभी ऐसा कुछ कर सकता हूँ?

वापस सूबे में लौटा तो मुझे पता नहीं क्या सोचकर स्पोर्ट्स डायरेक्टर लगा दिया गया। कहाँ तो ट्रेनिंग के दिनों में टीम में जगह नहीं मिलती थी। यहाँ करता-धरता ही बन बैठा था।

मैंने मौके का फायदा उठाया। सारे ओलंपिक मेडल को जीतना ही खेल समझते थे। अभी भी ऐसा ही सोचते हैं। मैंने बच्चों के खेलने की बात की। स्पोर्ट्स स्कालर्शिप कार्यक्रम बनाया। लागू किया। लोगों ने सिर-माथे लिया। एक बड़ी स्कीम को कारगर ढंग से लागू करने का मेरा सपना सच हुआ। इसका कोई कारण न था। बस मैं चाहता था कि ऐसा हो। कैसे भी। हो गया।

नई सोच को सरकार में कोई खींचकर पार लगाने वाला चाहिए। ज्यादातर 'अपने ऊपर बात न आ जाए' की चिंता करते हैं।

कहाँ तो गली-मुहल्ले में फिरते थे। अब देश-विदेश घूम रहे थे। दिल्ली के विज्ञान भवन में देश भर के खेल मंत्रियों को भाषण दे आए कि खेलों को किस तरह से चलाना ठीक रहेगा। कई आईएएस अफसरों के साथ काम किया। जो परिणाम-धर्मी थे, मिलनसार थे। काम की बात करते थे। जिसके पल्ले कुछ न था, वो सोते समय भी नहीं भूलता था कि वह एक आईएएस अधिकारी हैं और धरती को इस बात का एहसान मानना चाहिए।

वैसे, खेलों के नाम पर बड़ा खेल हो रहा है। ओलंपिक खेल विश्वयुद्ध की तरह लड़ा जाता है। यहाँ तगड़े देश हर चार साल में मरियल को धुन देते हैं। औकात बता देते हैं। हम शर्म से गड़े जाते हैं। हुक्मरान मुँह बचाते कहते हैं कि नई स्कीम लेकर आएँगे। अगले में देखना।

मैं पूछता हूँ कि इतना भावुक होने की क्या जरूरत है?

खेलों के बारे में हमारा अपना नजरिया होना चाहिए। मेडल-फेडल के बारे में ज्यादा न सोचें। हमने क्या फिरंगी कोचों और विदेशी खेल के व्यापारियों को बिजनेस देने का ठेका ले रखा है? पहले सबको कुछ-न-कुछ खेलने की सुविधा दें। सबको खेलने के लिए प्रेरित करें। मेल-जोल बढ़ेगा। स्वास्थ्य का स्तर सुधरेगा। खेलों को एक सर्विस सेक्टर इंडस्ट्री की तरह देखें। गाँव, ब्लॉक, जिला, राज्य, राष्ट्रीय स्तर के प्रतियोगिताओं में पैसे लगाएँ।

कंस्ट्रकशन, ट्रांस्पोर्टेशन, इवेंट मैनजमेंट, मर्चंडाईज, हॉस्पिटैलिटी जैसे उद्योगों को बढ़ावा मिलेगा। रोजगार के नए अवसर सृजित होंगे। आईटी सेक्टर भी तो यही है। कागजी बातों को स्क्रीन पर ले जाने की बात है। कितना बड़ा उद्योग बन बैठा है!

मेरे साथ एक आदिवासी पढ़ता था। बड़ा हँसमुख था। लंबे घुँघराले बाल थे। बैक की पोजिशन से फुटबॉल खेलता था। उसकी किक अगली टीम के 'डी' में पड़ती थी। दसवीं जाते-जाते पढ़ाई से मन उचट गया। फुटबाल कोई पूछता न था। थक हार कर नक्सली बन गया। पुलिस की बटालियन पीछे लगानी पड़ी। कभी हाथ नहीं आया।

जितने रोजगार हैं पढ़ने, लिखने, बोलने और जोड़ने के इर्द-गिर्द हैं। अगर आप शारीरिक रूप से सक्षम हैं तो मजदूरी, अपराध और बगावत के अलावा कुछ और नहीं कर सकते। मुख्यधारा के विस्तार की जरूरत है। एक्सेलेंस किसी भी तरह का हो, उसके इर्द-गिर्द आय और रोजगार के अवसर होने चाहिए। विशेष कर फिजिकल एक्सलेंस के इर्द-गिर्द तो अवश्य ही। तीरंदाजी में पैसे हों तो लोग पुलिस पर गोलियाँ क्यों चलाएँगे?

साढ़े चार साल बाद जब पुलिस विभाग में लौटा तो पाया कि सब-कुछ पहले जैसा था। फील्ड पोस्टिंग कृपा रूप में बाँटी जा रही थी। सोच अभी भी दरोगा लोहा सिंह वाली ही थी। भय को मूल अस्त्र मानते थे। इसको मार दिया, उसको पकड़ लिया का शोर मचा रहता था।

मैंने इसे बदलने की कोशिश की।

मेरा मानना है कि सौ में नब्बे लोग मेहनतकश हैं। काम करते हैं। बच्चे पालते हैं। पुलिस और बदमाश से एक समान दूर रहना चाहते हैं। सात-आठ गरीबी की वजह से कुछ भी करने को तैयार हैं। दो-तीन धुर बदमाश हैं। बदमाशी और ठगी को अपना धंधा बना रखा है। मेरी सोच है कि पुलिस को चाहिए कि नब्बे लोगों से संपर्क रखें। उन्हें तसल्ली दें कि अगर वे किसी का नुकसान नहीं करते तो उनका बाल-बाँका न होगा। गरीबी के मारे अपराध की दुनिया में भटक गए सात-आठ को मुख्यधारा में लाएँ। किसी काम में

लगाएँ जिससे कि उन्हें भूख और बेरोजगारी की मजबूरी में कानून का दायरा न तोड़ना पड़े। और दो-तीन जिसने ठगी और बदमाशी को धंधा बना रखा है, उसका भूत बना दें।

आम राय है कि होता इसके उलट है। नब्बे को तो कोई पूछता ही नहीं। जब दाँव लगे रगड़ देते हैं। पुलिस 'सेवा' में कम, 'ताक' में ज्यादा रहती है। सात-आठ जो गरीब हैं, उनपर सारा कानून पढ़ देते हैं। और दो-तीन जो ठग-बदमाश हैं उनसे पार्टनर्शिप कर लेते हैं। जनसंपर्क के दौरान मैंने पाया कि लोग समझदार होते हैं। ताड़ लेते हैं कि आप जो कुछ कर रहे हैं उसके पीछे की मंशा क्या है। अगर बात उनके काम की है तो पीछे लग लेते हैं। नहीं तो बोलते रहो। सुनते भी नहीं। मैंने सोचा कि क्यों न हालात बदलें! पुलिस को कहा कि सौ में जो सत्तानवें-अठानवें लोग हैं उनकी मदद करने की सोचें। लड़कों को उमर के हिसाब से भाई-बेटा समझें। जरूरतमंदों की सँभाल करें। मेरे पास आ गए तो फिर पुलिस को उनके पास जाना पड़ेगा। ज्यादा समय नहीं लगा। लोगों को यह विश्वास हो गया कि आईजी ऑफिस उनका है। वहाँ वो कभी भी जा सकते हैं। अपना जायज काम करवा सकते हैं। जब पुलिस ने मैराथन करवाया तो मैंने मौके का इस्तेमाल लोगों से मेलजोल बढ़ाने के लिए किया। जिस जगह पर पाँच-दस हजार जातिगत आरक्षण के नाम पर मरने-मारने को तैयार थे, वहीं पुलिस के न्योते पर पचास हजार लोग सवेरे-सवेरे छह बजे इकट्ठे हो गए। वो भी दौड़ने जैसी चीज के लिए। ऐसा कई बार हुआ।

मैं सोचा करता था कि आखिर लोग ऐसा क्या करते हैं कि सुनने हजारों-हजार आते हैं। मैराथन में इस बात का जवाब मिल गया। लोग सुनने नहीं, मिलने आते हैं। वो कमाल की अनुभूति थी। एक बड़े अनदेखे सपने के सच होने जैसा था।

नेतृत्व देने के छलावे से लोग तंग आ गए हैं। उन्हें प्रेरणा चाहिए। जैसा कहते हैं कि नेलसन मंडेला ने साउथ अफ्रीका के लोगों को दिया था। काले-गोरे के भेद को खत्म करने की लड़ाई स्प्रिंगबोक रग्बी टीम की जर्सी पहनकर लड़ी।

21 | लाल बत्ती की विदाई

यह महान बत्ती जन-सेवा के लिए जान देने-लेने के लिए तैयार लाखों-करोड़ों के लिए प्रेरणा-पुंज थी।

धर्म की ध्वजा हजारों साल एकछत्र फहरी। अभी भी फहर ही रही है। एक-एक कर बुद्ध, ईसा, पैगंबर आए। लोगों को अपने तरीके से घुमाया। फिर शुरू हुआ घुमंतुओं का दौर। गजब के लोग थे। कोई नाव-जैसी चीज पर बैठ समुंदर में घुस जाते। किसी नई, अनजान दुनिया की तलाश में चल पड़ते। कमाल का हौसला होता होगा!

करीब चार सौ साल से विज्ञान ने कमान सँभाल रखी है। अब तो दुनिया ही हर पाँच-दस साल में बदल जाती हैं। सौर मंडल को तो छोड़िए, हबल टेलिस्कोप ने पता नहीं ब्रह्मांड में कहाँ-कहाँ का फोटो खींच रखा है। खोजी यान मंगल ग्रह तक पहुँच गया है। लोग वहाँ जाने की भी सोच रहे हैं। स्टार-वार सिनेमा में दिखाये गए गैजेट दो-चार साल में कौड़ियों के भाव बाजार में मिलने लगते हैं। वित्तीय व्यवस्था भी ऐसी हो गई है कि किसी चीज के लिए पैसे जोड़ने की जरूरत नहीं है। अभी ले लो। बाद में थोड़ा-थोड़ा करके भरते रहो।

जैसा कि सबको होता है, मुझे भी प्रेम हुआ। वैसे आईपीएस में आकर ऐसा करना घाटे का सौदा माना जाता था। जीती बाजी हारने जैसी बात थी। उन

दिनों कुछ ही बड़े लोगों के फोन पर एसटीडी होता था। बाकी को टेलीफोन एक्सचेंज के मार्फत ट्रंककाल बुक कराना पड़ता था। कब लगेगी, भगवान को भी पता नहीं होता था। फोन के आसपास ही मँडराते रहना पड़ता था। दो-तीन ट्रिंग-ट्रिंग पर उठा लिया तो ठीक। नहीं तो दोबारा लाइन में लगो। अगर फोन 'उन्होंने' उठा लिया तो मेहनत सफल। पैसे वसूल। उनकी बहनें बड़ी बेदर्द थीं। पकड़ में आ गए तो फोकट में बिल उठाती रहती थीं। किसी और से बेमतलब की हैलो-हाय में पैसे गँवाने का क्या मतलब?

पाँच-छह साल से कम समय में मोबाइल फोन आ गया। एक मायने में कहीं भी ले जाओ वाला कोर्डलेस फोन। सबसे पहले सीमेंस कम्पनी के हैंडसेट के दर्शन हुए। पुलिस के वॉकी-टाकी से कुछ ही छोटा था। रेडियो की तरह एंटेना खींचने पर सिग्नल पकड़ में आता था। कॉल रेट महँगा था। रोमिंग चार्ज तो और भी कमरतोड़। बातचीत का कम, बिल का ज्यादा ध्यान रहता था।

तब तक मैं दो तरक्की के बाद एसपी लग गया था। पैरवी करने वालों को भगाने में यह बड़ा काम आता। स्टेटस सिंबल के तौर पर वो मोबाइल फोन जरूर रखते थे। आते ही उनको धर लेता। दो-चार जगह लंबी कॉल मार देता। बेचारे मना तो कर नहीं सकते थे। बस दोबारा दस-पंद्रह दिन फटकते नहीं थे।

जब दुनिया इस तेजी से बदल रही थी तो ये लाल बत्ती किस खेत की मूली थी। एक दिन हल्ला मचा कि सरकार वीआईपी कल्चर खत्म करने जा रही है। सबकी लाल बत्ती और सायरन एक साथ बंद। किसी कोर्ट में कोई पीआईएल नहीं लगा। किसी ने सरकार के इस वीआईपी-विरोधी फैसले के खिलाफ आवाज नहीं उठाई। स्पष्ट हो गया कि हुक्मरान और जनता दुनिया को दो अलग-अलग चश्मे से देखते हैं। पुलिसवालों की बाँछें खिल गईं कि अब आने दो सालों को। उनको अपने गए का कोई गम न था। फायर ब्रिगेड वाले खुश हो गए कि चलो अब देर से पहुँचने पर ट्रैफिक में फँसे होने का हवाला दे सकते हैं।

लेकिन इसका बेमतलब इस्तेमाल कर रहे लोग बड़े घाघ थे। सबको पता

था कि वे कोई-न-कोई रास्ता ढूँढ़ ही लेंगे। शेर की पूँछ काट लो तो वो कुत्ता थोड़े न हो जाएगा। उन्होंने ऐसा ही किया। गाड़ी के आगे तरह-तरह की झंडियाँ लगवा लीं। आखिर सिर्फ तनख्वाह के लिए सरकारी हुक्मरान थोड़े न बने थे। टोल वाले शुरू-शुरू में तो झिझके लेकिन जल्दी ही वीआईपी की नई भाषा सीख गए। धंधे का सवाल था। सायरन का शोर जरूर थम गया। वीआईपी संस्कृति थोड़े कम शोर-गुल के बीच ही सही, पूर्ववत चलने लगा।

अगर सरकारी आदेश मात्र से व्यवस्था परिवर्तन संभव होता तो दुनिया कब की जन्नत बन चुकी होती।

वैसे लाल-बत्ती हमारी मौलिक ईजाद थी। ग्रासरूट लेवल से पनपी थी। नहीं तो स्कीमें हमेशा ऊपर से बनकर आती हैं। गरीबी कैसे खत्म हो इसकी चिंता सात समुंदर पार के डिग्रीधारी टाई-कोट लगाकर पंचतारा होटलों में मिनरल वॉटर की चुस्की पर करते हैं। पता ही नहीं चलता कि ये किस तरफ से हैं। गरीबी का समाधान ढूँढ़ रहे हैं या अपने आकाओं के लिए नया बाजार। नीचेवालों को तो बस कह दिया जाता है कि यह पकड़ो स्कीम, ये लो फंड और फटाफट लागू कर दो। किसी का कोई भला हुआ कि नहीं, ये बताने की कोई दरकार नहीं। साल होते-होते पैसे खर्च हुए कि नहीं, बस इतना बता दो। मान लेंगे कि जिस खातिर भेजा था वो काम हो गया। जिसने कर दिया वो शेर का बच्चा। जो नहीं कर पाया वो निरा बेवकूफ। पैसे भी नहीं खर्च कर सकता! फिर पूछते हैं कि इतना गड़बड़-झाला क्यों हो रहा है। अरे भाई झटपट पैसे खर्च करने थे। सो कर दिए। अब हिसाब माँग-माँग कर दिमाग क्यों चाट रहे हो?

लाल-बत्ती अकेले ऐसी स्कीम थी जो थानेदार-तहसीलदार से शुरू होकर शीर्ष तक जा पहुँची थी। महान बत्ती थी यह। जन-सेवा के लिए जान देने-लेने के लिए तैयार लाखों-करोड़ों के लिए प्रेरणा-पुंज थी। शिक्षा में पूँजी-निवेश कर रहे परिवार का मूल उद्देश्य ही घर में लाल बत्ती लाना था। रोटी, कपड़ा और मकान तो जरूरत थी। परमानंद तो लाल बत्ती ही दिला सकती थी।

यह चमत्कारी थी। गरीब-अमीर की खाई झटपट पाट देती थी। एक फटेहाल लालबत्तीधारी रातों-रात नगरसेठ की बेटी ब्याहने के लायक हो जाता

था। सरकार को चाहिए था कि इस जादुई यंत्र को दुनिया-भर में घुमाती। इसका प्रचार-प्रसार करती। देश का नाम ऊँचा होता। शायद ही किसी पाँच-सौ रूपल्ली औजार ने और कहीं इतने लोगों का दिल जीता हो!

ऐसा भी नहीं था लाल बत्ती एकदम से आई और इठलाती सरकारी गाड़ियों के सिर पर बैठ गई। इसके पहले दरोगा लोहा सिंह की बिना सायलेंसर बाली बुलेट मोटरसाइकिल थी जो सड़कों पर राज करती थी। बिना बोले सबको पाँच किलोमीटर पहले से पता चल जाता था कि बब्बर शेर आ रहा है, कट लो। ये सरकार की मौजूदगी और इकबाल दोनों को प्रदर्शित करने का नायाब तरीका था। लोग खुले दिल से उसे स्वीकार करते। पूरी की पूरी सड़क उसके सात-फुट्टा मोटरसाइकिल के लिए खाली कर देते। जैसे-जैसे प्रजातंत्र का रंग गहराया, लोग ढीठ होने लगे। उन्हें और साफ तरीके से बताने की जरूरत पड़ने लगी कि आप सरकार हो और आपकी बात मानी जानी चाहिए। कोई शक न रहे सो दिखाने के लिए लाल बत्ती और सुनाने के लिए कान के परदे फाड़ता सायरन। वर्दी और डंडाधारी सिपाही का साथ जरूरी होता गया। लोग इतने से कम में किसी को सरकार मानने को तैयार न थे। औरों ने भी मौका ताड़ते हुए हठ किया कि ये झुनझुने हमें भी दो। फिर क्या था? मारा-मारी शुरू हो गई। हैसियत के मुताबिक ड्राइवर के बगलवाली सीट को गरम करने और गेट खोलने के डबल रोल के लिए एक सिपाही, गाड़ी के आगे लाल प्लास्टिक की प्लेट पर पीतल के बड़े-बड़े अक्षरों में पदनाम, छोटा नंबर, सायरन, डंडे में झंडा और घूमती, चहुँदिशा रोशनी फेंकती नीली, पीली, नारंगी या लाल बत्ती आम हो गई।

शुरू-शुरू में तो ये भीड़ को हड़काने के लिए पुलिस के काम आती थी। लेकिन जैसे-जैसे देश की आबादी और लोगों की आवा जाही बढ़ती गई, सड़कों पर भी हमेशा भीड़ जैसे हालात रहने लगे। वीआईपी के ड्राइवर गाड़ी के इस तरह के रंग-टीप का इस्तेमाल सड़क पर लाइन तोड़ने और मनमर्जी से गाड़ी हाँकने में करने लगे। पद-प्रतिष्ठा का यह नया, सरपट भागता घोषणा-पत्र बन गया।

अपने को येन-केन वीआईपी बनाने में जुटे टुच्चों के ड्राइवरों से रहा न गया। कहने लगे कि बहती गंगा में हाथ धो लेते हैं। नकली का ही सही मजा

ले लेते हैं। असली क्या पता मिले न मिले। कोई रोकने वाला न था। जिसके जो हाथ में आया, उसी को गाड़ी पर लगा मारा। सड़क पर असली-नकली, बड़े-छोटे वीआईपी की बाढ़ आ गई। यहाँ तक कि बदमाशों ने भी पुलिस को चकमा देने के लिए इस नुस्खे का इस्तेमाल करना शुरू कर किया। संसद पर हमला करनेवालों को भी यह तरीका बड़ा भाया। टोल से बचने के फेर में बचे-खुचे चिरकुट भी घुस आए।

नौकरी गँवाने के भय से पुलिसवाले लालबत्ती-युक्त गाड़ियों को छेड़ने से गुरेज करते थे। क्या पता किस स्तर का वीआईपी टकर जाए और किस लेवल की दुर्गति कर दे! अपने को इसका असली हकदार समझने वाले इतने ऐरों-गैरों के घुस आने से पागल हुए जा रहे थे। लेकिन क्या कर सकते थे? प्रजातंत्र पूरे यौवन पर था। अब तो बात इज्जत बचाने तक पहुँच गई थी।

एक बात मेरी समझ में आज तक नहीं आई कि पुलिस को लोग 'पुलिसवाला' क्यों कहते हैं। पुलिस क्या कोई खरीद-फरोख्त की चीज है? जैसे कि दूधवाला, सब्जीवाला, काबुलीवाला। या ये किसी पारसी खानदान से हैं। जैसे कि दारूवाला, बाटलिवाला, यहाँ वाला, वहाँ वाला। सिनेमा बनाने वाले लफंगों ने इसके मान-मर्दन में कोई कसर नहीं छोड़ी। अभिव्यक्ति की स्वतंत्रता को मौलिक अधिकार बताते-समझते पुलिस का मजाक बनाना अपना कर्तव्य मान लिया। दिन-दिन फूहड़ से फूहड़तर होते गए। सिपाही, हवलदार गरीब टाइप के थे। उनको बेईमान और जोकर दिखाते। कभी-कभार गुंडों का प्रोफाइल ऊँचा करने के लिए कोई सुपरमैन भर का इंस्पेक्टर दिखा देते। उसकी बीवी का बलात्कार और बच्चों का अपहरण कराते। इन सबसे बदले को क्लाइमैक्स बनाते। टपोरी अंत तक भारी दिखता। गुंडों-मवालियों से पैसे लेकर सिनेमा बनाते थे। ऐसा तो दिखाना ही था। समस्या यह थी कि लोग इसे सच मानने लगे थे।

सत्ता हासिल करने की जल्दी में आपसी विरोध नीतिगत से संस्थागत हो गया। संबंध बद से बदतर होते गए। बात लाल बत्ती से उठकर लाल बत्तीवालों तक पहुँच गई। सड़कों पर उन्हें पिछले वाले आदर की दृष्टि से नहीं देखा जाने लगा। कहीं लोगों को लगने लगा था कि इसमें बैठे लोगों ने इसे तिकड़म से हासिल किया है। पुलिस पर हमले आम हो गए।

आजादी के बाद दूसरों की कामयाबी के प्रति लोगों का नजरिया भी तेजी से बदला। पहले सब कुछ करीने से सजा हुआ था। सामंतवादी व्यवस्था में यह स्पष्ट था कि कौन अमीर है और कौन गरीब। सब मानकर चलते थे कि इस जीवन में कुछ बदलने वाला नहीं है। गरीब अमीर पर इतने निर्भर थे जितना कि आज का बॉलीवुड खान एक्टरों पर। गुलामी के अलावा कुछ और सोच ही नहीं सकते थे। जब-जब बड़े लोगों की इक्का-दुक्का कार नुमाइश के लिए निकलती, सब देखने के लिए लाइन लगाते। उनकी यहाँ की शादियों के झाड़-फानूस और बैंड-बाजे का बखान, उनके बच्चों की योग्यता-सुंदरता के किस्से पुश्त-दर-पुश्त बड़े श्रद्धा और उत्साह से कहे और सुने जाते। उनका महलनुमा घर इलाके का प्रतीकस्तंभ होता। अस्पताल और स्कूल उनके मरों के नाम पर होता। उनका हाकिमों के साथ रोज का उठ-बैठ था। त्योहार, जन्मदिन का शिष्टाचार था। दोनों एक-दूसरे के हितों का खयाल रखते थे। आईएएस-आईपीएस में भर्ती होना एकमुश्त इस क्लब में 'पाराड्रॉप' होने जैसा था। कोई सवाल-जवाब नहीं होता। कोई खानदान, जाति, धर्म के बारे में न पूछता। बस अपनों में गिन लेते। इनके नखरे उठाने लगते। ये भी एक बड़े लैंडमार्क घर में रहने लगते। इनकी बग्गी दूर से पहचानी जाने लगती। क्या मजाल कोई ओवरटेक कर ले। कानून की ऐसी कोई धारा नहीं होगी जो इस गुस्ताखी के लिए न लगा दी जाएगी। यकीनन इसी वजह से बारंबार महीन पिसाई के बाद कोई-कोई ही निचुड़कर इस परमगति को प्राप्त होता था।

एक बार चुनाव जो होने लगे, लोगों का तो दिमाग ही खराब हो गया। पहली बार इन्हें लगा कि इनके पल्ले भी कुछ है। ठेकेदार और लठैत तो शुरू-शुरू में पिछलग्गू बनकर ही खुश थे। फिर सोचा कि जब बना सकते हैं तो खुद ही क्यों न बन जाएँ। उधर पहुँचे तो देखा कि यहाँ तो पढ़ाई-लिखाई चल रही है। कानून बन रहा है। छूटते ही कहा कि इसमें हमारा क्या काम? पैंतरा बदल दिया कि हम तो अपने क्षेत्र के लोगों की सेवा कर लेंगे। फिर क्या था? नियम-कानून-ज्ञान गया तेल लेने। जिले के सारे दफ्तरों में घुस गए। अपने को जनहित का चलता-फिरता लाउड-स्पीकर घोषित कर दिया। एक-एक करके अफसरों के सारे चोंचले अपने नाम करा लिए। पूरी दबंगई से पेश आने लगे—जो बोल दिया सो बोल दिया। पहले रोडवेज वाली बस पर

एक सीट पर लिखा रहता था 'जन-प्रतिनिधि के लिए आरक्षित'। न जाने वे कौन-से दिन थे? अब तो एसयूवी और बिजनेस क्लास से नीचे कोई मानता ही नहीं। थोड़ी टोक-टुकाई पर जूते खोलने लगते हैं।

इस तरह के गड़बड़-झाले से जो वीआईपी की महीन व्यवस्था बनी हुई थी वो तहस-नहस हो गई। नए लाल-बत्तीधारियों के लिए श्रद्धा और भय मिश्रित भाव पैदा करना उतना ही अस्वाभाविक लगने लगा, जितना कि किसी और की सम्पन्नता के लिए सहज प्रेम की अनुभूति करना। ज्यादातर के इतिहास-भूगोल से लोग वाकिफ थे। अफसरों से भिड़ाने तक तो ठीक था पर इन्हें माई-बाप वाली तवज्जो देने को तैयार न थे।

हकीकत तो यह है कि लाल-बत्ती का तो अब सिर्फ दाह-संस्कार हुआ है। मर तो यह उसी दिन गई थी जब मारुति आठ सौ और टाटा नैनो वाले भी इसे लगाने लगे थे। देश में शायद ही कोई गाड़ी होगी जिसकी डिक्की में यह यंत्र आपातकाल में इस्तेमाल के लिए न रखा होता था। असली हकदारों ने अलग-थलग दिखने की बहुत कोशिश की। गाड़ी में एंटेने का जंगल लगवा लिया। बॉनेट पर फ्लैग रॉड भी जमा लिया। लेकिन जो-जो ये करते, अगले के ड्राइवर वैसा ही कर-कराकर सारा गुड़ गोबर कर देते।

बड़े नियम भी बने। लेकिन समस्या थी कि इसे लागू कौन करे? मुहल्ले के दो कौड़ी के मुँहजोर को डर से भाईसाहब संबोधित करने वाला उदीयमान वीआईपी का बर्फ से भी ठंडा खून पुलिस को देखते ही एकदम से खौल उठता था-'मेरी बत्ती उतरवाई तो तुम्हारी वर्दी उतरवा दूँगा।' गरीब पुलिसवाला कहता कि भाई एक मेरी तरफ से भी लगा ले, मेरा पीछा छोड़। और तो और, गनमैन और लालबत्ती एक असरदार राजनीतिक हथियार बन चुका था। जिसको औकात पर लाना हो उससे खोंस लो। जिसको चने के झाड़ पर चढ़ाना हो उसे पकड़ा दो।

आखिर एक दिन आ ही गया। हुक्मरानों ने मन बना लिया कि अब बहुत हो गया। इसे खत्म करते हैं। सबका दिल तो बड़ा रोया लेकिन क्या करते। डर था कि सोशल मीडिया के जमाने में किसी ने क्लिक करके ऊपरवालों को टैग करते हुए पोस्ट कर दिया तो खाट खड़ी हो जाएगी।

जैसे कि प्रियजनों की अस्थियाँ प्रवाहित करते हैं कुछ वैसे ही छोटे-मंझोले वीआईपियों ने भरे दिल से चमचों की सिसकियों और करतलध्वनि के बीच गाड़ी से लाल बत्ती उतारते अपनी फोटो खिचवाईं। कल तक जिसपर इतराते थे, उसे विधिवत गुलामी की निशानी बताया। ऊपरवालों को टैग करते हुए फेसबुक पर पोस्ट और ट्विटर पर ट्वीट किया। बेहयाई की भी हद होती है।

फिर सोच में पड़ गए कि अब टोल पर लाइन कैसे तोड़ेंगे? मुहल्ले वाले पर पहले वाला रौब कैसे झाड़ेंगे? इनके ड्राइवरों की तो जैसे माँ ही मर गई। कहाँ सड़क पर बेखौफ गाड़ी दनदनाने का लाइसेंस था। कहाँ घड़ी-घड़ी रोके-टोके जाने का डर। साहब से घिघियाए-कुछ करो जी। हमें ऐसे तो गाड़ी चलानी आती ही नहीं।

घुमा-फिरा कर लालबत्ती सरकारी लोगों की अलग दिखने की हनक थी, जो कालांतर में इनके बेलगाम ड्राइवरों की जरूरत बन गई। इसके फ्यूज हो जाने से जैसा कि डर जताया जा रहा था कि दुनिया में अँधेरा छा जाएगा ऐसा कुछ नहीं हुआ। लोगों ने अपने-अपने हिसाब से खुद को एडजस्ट कर लिया है। किन्तु वीआईपी अब भी वीआईपी ही हैं।

22 | यह लूट-खसोट कब जाएगी?

राम दुआरे, तुम रखबारे। होत ना आज्ञा बिनु 'पैसा' रे।

ऊपर की कमाई और दहेज अगर अपने घर बरसे तो बड़ा अच्छा। बगलगीर के हाथ लग जाए तो तन-मन में आग-सी लग जाती है। सारे सिद्धांत मुँह से ज्वालामुखी के लावे की तरह फूटने लगते हैं।

ऐसा नहीं कि यह कोई नई बीमारी है। 'राम-राम जपना, पराया माल अपना' हमारे यहाँ हमेशा से एक स्थापित व्यवस्था रही है। कॉमन क्रिकेटिंग सेंस की बात है। मौके पर चौका नहीं मारें तो और क्या करें?

'सरकारी नौकरी, जान से प्यारी' इसी उपसंस्कृति का हिस्सा है। एक बार घुसने की देर है, सरकारीगिरी कर्ण के कवच की तरह छाती से चिपट जाती है। नाम के आगे श्री और पीछे साहब लग जाता है। कुछ हो न हो, जिंदगी मजे से कट जाती है। वैसे कहते हैं कि सर का संबोधन और कार की सवारी अगर इकट्ठे हो तभी आप सरकार कहलाने के असली हकदार हैं। सेठों के पास सिर्फ कार है। मास्टर लोग सिर्फ सर हैं। दोनों क्रमशः धनी और विद्याधर तो हो सकते हैं, पर सरकार नहीं।

इधर घुसने के लिए मेरिट के अलावा और भी कई शर्तिया कारगर तरीके हैं। पैरवी, जुगाड़, नकल, घूस प्रमुख हैं। अगर काम करने की बुद्धि और

श्रद्धा नहीं हो तो भी घबराने की कोई जरूरत नहीं। टिके रहने के अनगिनत उपाय हैं। नकारा कहलाने की शर्म त्याग दें तो पूरी उम्र खाट तोड़ते गुजार सकते हैं। सफेद कुर्ता-पजामा डालकर कर्मचारी यूनियन में कूद पड़ें तो क्या कहने। लीडर नहीं तो उसके पिछलग्गू तो बन ही जाएँगे। कभी-कभार थोड़ा-बहुत गला फाड़ना पड़ेगा। फिर मर्जी से आइए-जाइए। कामरेड टाइप समझकर अफसर भी नहीं टोकेंगे और चंदे से घर भी हरा-भरा रहेगा। ज्ञान बघारने और आँखें तरेरने का सुख सो ऊपर से।

थोड़ा लिखना-पढ़ना आता हो और बातचीत में चुस्त हैं तो आपकी पौ-बारह के पूरे चांस हैं। एक तो निट्ठल्लों से ठसाठस भरे बाजार में आपकी काबिलियत का साइनबोर्ड दूर से चमकेगा। दूसरा ओहदेदारों को चाहिए ही क्या–चमचागिरी का रस और ऊपरी कमाई का पान। थोड़ा जी सर, जी सर करना सीख लें। अगर आपकी जन्मकुंडली ठीक है तो आप रातों-रात चहेतों में शुमार हो सकते हैं। आपका गर्भगृह में सीधे प्रवेश हो सकता है। ऊपरी कमाई की नदिया आपसे होकर बह सकती है। फिर क्या? जब ऊपर मूसलाधार बारिश होगी तो बूँदा-बाँदी आप पर भी होगी। आप इतने में ही डूब जाएँगे। दो-चार पुश्तों का इंतजाम हो जाएगा।

आजादी के तीस-चालीस साल तक सब-कुछ ठीक-ठाक चल रहा था। सरकारी दफ्तरों में नाका लगाए बड़े, मंझोले, छोटे कर्मचारी गर्जदारों को लूटकर घर भरे जा रहे थे। उनके इर्द-गिर्द मँडरा रहे चवन्नी-अठन्नी छाप लोग भी बेदर्दी से फँसे लोगों को टाँका लगाकर अपनों को बना-सँवार रहे थे। नकारा बच्चों और काहिल रिश्तेदारों का फ्यूचर सेट कर रहे थे। तरह-तरह की योजनाओं के मकड़जाल में जनता खुशी-खुशी झूम रही थी। कभी गरीबी हटाओं तो कभी बीस-सूत्री कार्यक्रमों का लाली-पॉप चूस रही थी।

घूस लेने जैसी आम गलती के लिए जाँच भुगत रहे एक बकलोल से दिखने वाले चपरासी ने वो तर्क दिया कि जाँच करने वाले चुटियाधारी अफसर के तोते उड़ गए। कहा श्रीमन, हम तो हनुमान भक्त हैं, रोज पाँच बार चालीसा पाठ करते हैं। इस तरह के लेन-देन तो महावीर हनुमान भी किया करते थे। साक्षात हनुमान चालीसा में इसका प्रसंग है। फिर बड़े सुर में गाने लगा:

राम दुआरे, तुम रखबारे।
होत ना आज्ञा बिनु 'पैसा' रे।

फिर रो-रोकर कहने लगा कि गरीब और निर्बल हूँ, कर लीजिए जितना अत्याचार करना है। कहने की बात नहीं, देखते-देखते दोनों का राम-भरत मिलाप हो गया। चपरासी ने उसी दिन अपनी पेशगी दोगुनी कर दी।

इतने में किसी के दिमाग में यह कौंधा कि क्यों न घूसखोरी को ही मुद्दा बना दिया जाए। इसके खिलाफ ही मोर्चा खोल दिया जाए। उन्हें यह दिक्कत नहीं थी कि ऐसा क्यों हो रहा है। इनको चिढ़ इस बात की थी उनका नंबर क्यों नहीं आ रहा। लोहा गर्म था। पहले चोट की दरकार थी। रातों-रात पूरा देश दो भागों में बँट गया। एक जो बेईमान थे। दूसरे वे जो अब तक किन्हीं कारणों से इस गंगा-डुबकी से वंचित थे। ईमानदारी का ठेका झपटते ही ये सबको सर्टिफिकेट बाँटने में जुट गए। फलाँ ने इतना लूट रखा है, ढिमकाना ने उतना। ये चोर है। वो लुटेरा है।

सरकारी प्रक्रिया की चादर को पारदर्शी बनाने के लिए इसमें जगह-जगह छेद किए जाने लगे। अफसरों को कहा गया कि अपनी-अपनी लक्ष्मी के दर्शन सबको कराओ। परिणाम यह हुआ कि जो इस खेल में धुरंधर थे उन्होंने अपना ढंग बदल लिया। दुगने जोश से दोबारा भिड़ गए। जो मेहनती और परिणाम-धर्मी थे, डर गए। आलसी किस्म के लोग, जो कभी अपने मुँह से मक्खी भी न उड़ाते थे, सार्वजनिक जीवन में शुचिता के इस महायज्ञ में जोर-शोर से आहुति देने लगे।

सदियों से चली आ रही एक अति लोकप्रिय परंपरा को पाप, अपराध इत्यादि की संज्ञा दे दी गई। कड़े कानून और मोटी सजा की तैयारी होने लगी।

कोई कहता भ्रष्टाचारियों को फाँसी दे दो। कोई कहता उनकी काली कमाई जब्त कर लो। फिर भी क्या रोकने वाले और क्या करने वाले, सारे इसी काम में पिले पड़े थे। इनको समझ में नहीं आ रहा था कि हंगामा किस बात का है। देने वाले का काम हो रहा है। लेने वाले का काम चल

रहा है। घर बन रहा है। गाड़ियाँ खरीदी जा रही हैं। बच्चे पढ़ाई कर देश की अर्थ-व्यवस्था को सँभाल रहे हैं। आखिर सरकार भी तो टैक्स-नुमा वसूली कर ही रही है!

किसी ने उन्हें समझाने की कोशिश नहीं की कि कैसे घूसखोरी से चीजों के दाम कृत्रिम रूप से बढ़ जाते हैं। कैसे गरीबों को इसका सारा बोझ उठाना पड़ता है। उनको सबकुछ खरीदना पड़ता है और बेचने के लिए उनके पास दो हाथ की मजदूरी के अलावा कुछ नहीं होता जिसका दाम वो बढ़ा नहीं सकते। कैसे घूसखोरी उनके पत्तल की रोटी को आधी कर देती है। इलाज उनकी पहुँच से बाहर कर देती है। कैसे योजनाएँ पटरी से उतर जाती हैं। आम लोगों की सुविधा के लिए आवंटित पैसा निजी ऐशो-आराम में हवा हो जाता है। मेहनतकश दो जून की रोटी के लिए खून सुखाते हैं और तिकड़मबाज महलों में ऐयाशी करते हैं। कोई सरकारी आदमियों को बताता नहीं कि वे दो सौ बीस वोल्ट वाली बिजली के तार जैसे हैं। उनका काम बल्ब जलाना, पंखा चलाना है। न कि स्विच ऑन-ऑफ करने वाले को घड़ी-घड़ी झटका देना। कोई यह नहीं बताता कि घूसनुमा ओवरड्रॉ से किस तरह वे स्वयं को फूँक रहे हैं और साथ-साथ पूरे मुहल्ले को भी अँधेरे में डुबो रहे हैं।

विडंबना यह है कि जेल भरे जा रहे हैं लेकिन बाहर लूट मचाने की होड़ में कोई कमी होती नहीं दिख रही है। इससे तो अच्छा होता कि कोई वीडिओ गेम बना देते जिससे घूसखोरी के खेल में हो रही खून की होली को बच्चे समझ पाते। पहली क्लास में ही उनको इस पर कोई कार्टून दिखा देते कि कैसे इस लूट-खसोट से गरीब पिस रहा है। कैसे गरीबों के बच्चे अपने ही देश के लोगों की करनी से भूख से बिलबिला रहे हैं। बिना इलाज के मर रहे हैं।

बड़े तो चिकने घड़े की तरह हो गए हैं। टूट जाएँगे, बदलेंगे नहीं।

23 | अच्छी पुलिस कब आएगी?

जो रात में रास्ते पर पैदल जा रहे
एक परिवार को घर छोड़कर आएगी।

दिमाग खुले वर्षों बीत गए हैं।

जब छोटा था तो दरोगा लोहा सिंह की कहानियाँ चाव और भय मिश्रित बखान के साथ परोसी जाती थीं। कैसे उसकी साइलेंसर-विहीन एन्फील्ड बुलेट मोटरसाइकिल की धड़-धड़ पाँच किलोमीटर दूर से खौफ और आतंक बरसाती थी। कैसे लोग डरकर आँखों से ओझल हो जाते थे। गाड़ियाँ वैसे होती ही नहीं थीं। इक्का-दुक्का अगर थीं भी तो किनारे खड़ी हो शाही सवारी को गुजर जाने देती थीं। घोड़ा-गाड़ीवालों की मजाल ही क्या थी? किसी नजदीकी पगडंडी पर अपने घोड़ों को सवारियों सहित मोड़ देते थे। लोहा सिंह के सामने पड़ना ठीक नहीं। साहब नाराज हो गए तो भगवान भी नहीं बचा पाएँगे।

वैसे मुझे कभी उनके दर्शन नहीं हुए। बस सुना था कि ऐसे थे श्रीमन लोहा सिंहजी।

थोड़े और बड़े हुए तो हंटरवाली का नाम सुना। कोई महिला एसपी थी जिन्हें लोगों को पीटने में खास आनंद आता था। अखबारवालों ने आनंदातिरेक

में उनके पिट सकने वालों को पीट देने के इस अदम्य साहस को महान कृत्य करार दिया था। उन्हें हंटरवाली की उपमा दे उनकी गौरव गाथा को रस ले-लेकर छापते थे। गलती उनकी नहीं थी। गरीबों की पिटाई इतनी आम थी कि उन्होंने थक-हारकर इसे अपना नैसर्गिक भाग्य मान लिया था। वे पैदा होते ही मान-अपमान के दुनियावी चक्र से ऊपर उठ गए थे। उनकी व्यथा तो अब बाकियों के लिए मुफ्त का मनोरंजन था। लोग बड़े चाव से अखबार बाँचते और हर्षोल्लास से इसका बखान करते—ये मारा, वो मारा, ऐसे मारा, वैसे मारा।

एक और सज्जन आए। उन्हें भी लोगों को दौड़ा-दौड़ाकर पीटने में सारी समस्याओं का समाधान दिखता था। जाने-आने के लिए एक ही बस। मजबूरी में अंदर-बाहर-ऊपर ठुँसे-लटके-लदे लोग। उन्हें लगता था कि ऐसे तो दुर्घटना हो जाएगी। दूसरी बस लगाना थोड़ा टेढ़ा काम है। तो ऐसा करते हैं कि गैर-जिम्मेदार सवारियों को ही पीट देते हैं। हर्र लगे न फिटकिरी, रंग चोखा। अपनी ड्यूटी भी हो जाएगी और पूरे इलाके में मैसेज भी चला जाएगा कि नए एसपी साहब बड़े सख्त-मिजाज हैं।

यह फॉर्मूला उनको काफी शोहरत दिला गया।

एक बार एक गरीब चोर की थाने में कुछ ज्यादा पिटायी हो गई। जर्जर शरीर झेल नहीं पाया। आत्मा चुपके से सरक ली। नेता टाइप के लोग स्थानीय कॉलेज पहुँचे। शोहदे लड़कों को इकट्ठा किया कि चलो पुलिसिया जुल्म के खिलाफ रोष मार्च निकालते हैं। साहब ने पूरे इलाके से फोर्स मँगवा ली। जलियाँवाला बाग की तर्ज पर भीड़ को ऐसी जगह घेरा जहाँ से भागने का कोई रास्ता न था। फिर वो लट्ठ फिरवाई कि लोग दीवार तोड़ के भागे। यह शौर्यगाथा भी साहब के नाम इतिहास में दर्ज हो गई। लोगों ने यहाँ तक कह डाला कि भाई आल्हा-उदल के परिवार से हैं। बदमाशों के सफाये के लिए खाकी ओढ़ी है।

बाद में पूरे सूबे के पुलिस मुखिया रहे। आए और गए। इनसे न कुछ उखड़ना था, न उखड़ा।

जब इतने बड़े हुए कि सिनेमा देख सकें तो कान-ढके बालोंवाले एक

एक्टर का जलवा देखा। इंस्पेक्टर के रोल मे गजब ढाता था। पैर मिसाइल की तरह चलाता था और हाथ तोप की तरह। गरीबी से निकलकर आया था। लेकिन उसूलों का पक्का था। वैसे, रहन-सहन रइसोंवाला था। लड़कियाँ जान छिड़कती थीं। लोगों को तो पता था कि सारा खेल नकली है। लेकिन पुलिसवाले इसे गंभीरता से ले गए। गरीबों की पिटाई से अपराध का सफाया तो जोड़ ही रखा था, रईसी का शौक ऊपर से पाल गए। फैसला कर लिया कि बंगला-मोटर और हीरोइन जैसी दिखने वाली माशूका पर उनका कर्मसिद्ध अधिकार है।

सिनेमावालों को यह आइडिया भा गया। एक से एक कैरेक्टर छापते गए। सेठों वाली ऐश, सुपरमैन वाली ताकत और अप्सरा जैसी माशूका के बाद भी टेंशन में रहने वाले, अकेले सबके छक्के-अट्ठे छुड़ाने वाले किरदार छा गए। लोग हँसते रहे। लेकिन पुलिसवाले इसे भी दिल से लगा बैठे। दबंगई की कार्य-संस्कृति जड़ पकड़ गई।

कहानी हकीकत पर भारी पड़ती गई।

जब छोटा था तो मेरा सीधे तौर पर पुलिस से एक बार वास्ता पड़ा। घरवाले गाँव से दूर एक अस्पताल में एक चोट लगी बच्ची की मरहम-पट्टी करवाने जा रहे थे। मैं भी साथ हो लिया। अँधेरी रात थी, पैदल ही लौट रहे थे। एक पुलिस की जीप रुकी, पूछा इतनी रात सड़क पर कैसे? बताने पर बोले कि देर हो गई है। गाड़ी में बैठ जाइए। आपको घर छोड़ आते हैं। और उन्होंने ऐसा ही किया। उस दिन अंतर्मन में कहीं ये बात बैठ गई।

मै सोच में पड़ गया कि पुलिस के बारे में जितनी कहानियाँ सुनी थीं क्या वो झूठी थीं?

बरसों बात जब मैं आईपीएस में भर्ती हुआ तो फैसला किया कि मैं ऐसी ही पुलिस बनाऊँगा। स्वाभाविक बाधाएँ आईं लेकिन मैंने पाया कि अगर चाहें तो ऐसा हो सकता है। बात साधन की नहीं है। व्यवस्था की भी नहीं है। बात ओहदेदारों की नीयत की है। अपराध का सफाया गरीबों का सफाया न बना रहे, इसके लिए किसी बजट की आवश्यकता नहीं है। बस फैसला करना है।

हम इतिहास के एक निर्णायक और खतरनाक मोड़ पर खड़े हैं। अपराध उन्मूलन का लोकप्रिय नारा बदल रहा है। गरीबों के सफाये से ये युवाओं से टकराव की तरफ चल पड़ा है और पुलिस को इसका इल्म भी नहीं है। गरीब तो मान-अपमान से ऊपर उठ गए थे। लेकिन युवाओं ने ऐसी कोई गारंटी नहीं दी है। वे संख्या में इतने ज्यादा हैं कि लट्ठ तो छोड़िए, टैंक भी कम पड़ेंगे। मेरी मानिए, ये 'जूत थ्योरी' वाली सोच पुलिस को मरवा देगी।

एक नई पुलिस-सोच बनाइए जो रात में रास्ते पर जा रहे एक परिवार को घर छोड़कर आए।

पुलिस जैसी है वैसी ही क्यों है, जानने के लिए किसी व्यापक शोध या विशेषज्ञ राय की आवश्यकता नहीं है। औसत ज्ञान और सरसरी नजर ही काफी है।

जीने के लिए जत्थे में रहना हमारी मजबूरी है। अकेले यह बवाल हमारे बस का नहीं है। हमारी लड़ाई अणु-परमाणु से लेकर पहाड़-समुद्र-आकाश तक से है। ये लाखों-करोड़ों जिए-मरे लोगों की मेहनत का फल है कि हम प्रकृति से काम-चलाऊ रियायत ले पा रहे हैं। यह किसी चमत्कार से कम नहीं कि सारे गुल-गपाड़े के बाद भी हमारी संख्या लगातार बढ़ रही है। अस्सी-सौ साल की उम्र की बात तो अब आम हो गई है। इंटरनेट ने दुनिया को एक गाँव जैसा बना दिया है। इसकी वजह से हम कहीं भी, किसी से भी मुफ्त में लाइव वीडिओ चैट कर सकते हैं। घटित के बारे में अब सिर्फ सुनते नहीं, बल्कि पूरा का पूरा देखते हैं। दस-बीस साल पहले ऐसा सोच पाना भी संभव न था। आर्टिफिशल इंटेलिजेंस की तकनीक दुनिया को एक नई दिशा देने में लगी है। सुनते हैं कि जल्दी ही आदमी की जगह रोबोट ले लेगा। ब्लॉक-चेन तो कहते हैं सारे बीच वाले को साफ कर देगा। बैंक और यहाँ तक कि खुद सरकार का अस्तित्व खतरे में है। दिन-रात गूगल हमारा दिमाग पढ़ता रहता है। उसी हिसाब से सूचनाएँ हमें परोसता है। हमारी सोच को प्रभावित करता है।

लेकिन जो नहीं बदला है वो ये कि हम अपने लालच की जकड़ और मारा-मारी के शौक से ऊपर नहीं उठ पाए हैं। डारविन के विकासवाद के

सिद्धांत को जिंदा जो रखना है। सीमा पर गोलीबारी में मारे गए जवानों के लिए तो हम जिंदाबाद-मुर्दाबाद करते हैं। लेकिन ऐसा कर लौटते समय रास्ते में अपने ही इलाके के किसी निस्सहाय और घर लौटते ही अपने ही कमजोर पड़ोसी के ऊपर छोटी-सी बात पर हल्ला बोलने में जरा भी नहीं झिझकते। घर में ही महाभारत छिड़ा है। अहम में परिवार उजड़ रहा है।

इससे निबटने के लिए तरह-तरह की पुलिस बनायी गई है। पहाड़ों-जंगलों में बागी हो गए आदिवासियों के खिलाफ हजारों की संख्या में अर्धसैनिक बल लड़ रहे हैं। सूबे की पुलिस गुत्थम-गुत्था हो रही है सो अलग। फैसला नहीं हो पा रहा है कि उन्हें दुश्मन समझें कि बिदका भाई।

पुलिस के रवैए से लगता है कि बल-प्रयोग के पक्षधरों ने इसपर पूरी तरह से कब्जा जमा रखा है। कोई नहीं कहता कि जो गोलियाँ दाग रहे हैं उन्हें गुलाब के फूल भेंट किए जाएँ। लेकिन सनद रहे कि गोली के बदले मात्र गोली की नीति कहीं कारगर नहीं हुई है। अगर ऐसा होता तो राजे-महाराजे नहीं तो कम-से-कम तानाशाह कहीं नहीं जाते।

मैं बदमाशों और ठगों के धुर खिलाफ हूँ। ये मानव सभ्यता को पीछे धकेलने वाले लोग हैं। अगर सारे छीनने और ठगने में लग जाएँगे तो कौन, क्या बनाएगा और क्यों बनाएगा। मौलिक आवश्यकता से परे पूँजी साहसी और रचनात्मक लोगों के हाथ में होनी चाहिए। समस्याओं के नए समाधान निकलेंगे। आय और रोजगार के नए अवसर सृजित होंगे। अमेरिका सारे मिलिटरी ताम-झाम के बावजूद वियतनाम नहीं जीत पाया। अफगानिस्तान में अभी भी जूझ ही रहा है। इराक में भी तजुरबा कुछ खास अच्छा नहीं रहा। कहते हैं कि गफलत में घुस गए थे। सीरिया में तो जमीन पर पैर रखने की हिम्मत ही नहीं हुई।

कहने का मतलब है कि अकेले हिंसा-प्रतिहिंसा का चक्र कोई समाधान लेकर नहीं आ रहा। इसके आगे भी सोचना चाहिए।

लेकिन पुलिस है कि अभी भी अंग्रेजों के बनाए कानून के हिसाब से चल रही है। रणनीतिकार दबंगई पर ही पूरा जोर दिए बैठे हैं। नए कानून

दीवानी मामले को भी आपराधिक बनाए दे रहे हैं। लोग भी शिकायत इस तरह से लिखवाते हैं कि मामला आपराधिक ही बने। फ्री-रजिस्ट्रेशन के नाम पर दनादन मुकदमें दर्ज हो रहे हैं। हीरे और खीरे की चोरी पर एक जैसा बल दिया जा रहा है। जब हमारे पास पुलिस-कचहरी-जेल सीमित हैं तो हर साल मुकदमें और मुलजिम बढ़ाने का क्या मतलब? परिणाम? सनी देओल वाला 'तारीख पर तारीख'। न्याय के नाम पर कच-कच होती है, लोग हरि-हरि करते हैं। जब तक फैसला आता है, लोग भूल चुके होते हैं कि झगड़ा किस बात का था। किसी को कोई सीख क्या मिलेगी?

जब तक किसी आबादी की बहुतायत स्वेच्छा से कानून नहीं मानेगी, विधि-व्यवस्था की स्थिति लचर ही रहेगी। खिल्ली उड़ाए जाने के डर से हर कोई कहने से बचता है कि हमें 'माईनोरिटी ओफेंडर और मजॉरिटी डिफेंडर ऑफ लॉ' की स्थिति बनाने के लिए काम करना चाहिए।

पुलिस के वार्षिक बजट को देखें तो इसका सारा ध्यान लाठी-डंडे-गोले-बारूद पर ही मिलेगा। हमेशा लड़ाई की तैयारी करेंगे तो लड़ाई ही होगी। लोगों से सरोकार बनाने को इनके ओहदेदार खतरनाक खेल मानते हैं। कहते हैं कि ऐसे तो उनका दिमाग ही खराब हो जाएगा। बेकाबू हो जाएँगे। निजाम का इकबाल ही खत्म हो जाएगा।

युवाओं से पुलिस का आँकड़ा छत्तीस का मिलेगा। कभी ट्रैफिक-चेकिंग पर इनसे उलझे मिलेंगे तो कभी धरना-जुलूस के समय इनपर लाठियाँ भाँजते। गश्त के समय अगर इनमें से दस-बीस की बेइज्जती न कर दें तो इनका खाना ही हजम नहीं होता। कहीं कोई वारदात हो गई तो अँधेरे-मुँह पाँच-दस गरीब लड़कों को उठा लाएँगे और उनको ऐसे ही धो देंगे। एक पर्चा दर्ज हुआ नहीं कि हर बात पर रोज उसके घर पर धमके मिलेंगे।

लड़कों से ठीक से बात करना तो ये अपनी हेठी समझते हैं। हमेशा 'जिंदगी बर्बाद कर देंगे', 'पुलिस को नहीं जानते' वाले तेवर दिखाते हैं। कोई आश्चर्य नहीं कि पेशेवर लड़ाने वाले मौका मिलते ही इन्हें पुलिस से भिड़ा देते हैं। फिर इनके नाम पर सरकार की कनपटी पर पिस्तौल रख अपनी औने-पौने माँगें मनवाते हैं।

पहाड़-जंगलों में ये ईकट्ठे हो जाते हैं। गरीबी दूर करने में 'माहिर' लोग इनको आगे कर समानांतर सरकार बना लेते हैं। पुलिस पर भारी पड़ने लगते हैं। फिर अर्धसैनिक बल आ जाता है। दोनों तरफ गरीबों के बच्चे भिड़े होते हैं। हथियार बेचने वाले और अन्य किस्म के तस्करों को एक नया बाजार मिल जाता है। खून-खराबा दशकों चलता रहता है। मारे गए लोग निर्जीव आँकड़ों में लिपटे अर्थहीन लगने लगते हैं।

किसे परवाह है? बड़े-बड़े शहरों में छोटी-छोटी बातें होती रहती हैं, सेनोरीटा!

जमीनी स्तर पर लोगों से सरोकार ठीक रखना वैसे कोई बड़ा मुश्किल काम नहीं है। बस थोड़ा लोगों के काम आने के जज्बे की दरकार है। पुलिस के लट्ठबाजों को कहें कि ठग-बदमाश को जेल छोड़ आएँ। उन्हें कह दें कि बाहर अपने कर्म से किसी दिन भीड़ के हाथ मारे जाओगे। सरकारी खर्चे पर जेल में गुलछर्रे उड़ाओ। बाकी लोगों से उमर के हिसाब से आदर-प्रेम से पेश आएँ। जरूरी हो तो इस काम के लिए एक नया कैडर ही खड़ा कर दें। ऐसे लोगों की भर्ती कर लें जो तहजीब से बात करने में बेइज्जती न महसूस करते हों। उनसे ही पब्लिक डीलिंग का काम कराएँ।

अच्छा होगा कि पुलिस अखबार-टीवीवालों को लोक-संपर्क का काम न सौंपे। उन्हें प्रजातंत्र में सबको खुल कर गरियाने का लाइसेंस मिला हुआ है। बड़े-बड़े को नहीं बख्शते। पुलिस को क्या छोड़ेंगे? उन्होंने क्राइम-रिपोर्टिंग को 'टॉम एंड जेरी' का कार्टून शो बना रखा है। कैसे मरियल चोर ने तगड़े पुलिस को दौड़ा-दौड़ा कर बेहाल कर रखा है! कैसे मुट्ठी भर बदमाशों ने सैंकड़ों पुलिसवालों की ऐसी-तैसी कर रखी है! लोग खुश होते हैं। तालियाँ पीटते हैं। अखबार का सरकुलेशन बढ़ता है। टीवी का टीआरपी चढ़ता है। कइयों ने तो टीवी पर अपराध करने का कोचिंग सेंटर खोला हुआ है। बड़ी वारदात का हर दूसरा मुलजिम इन्हें ही अपना उत्प्रेरक और गुरु बताता है। जरूरी है कि पुलिस की बात पुलिस ही कहे और लोग उसे ही सुने। अगर 'मैं तो अखबारवाले को मुँह नहीं लगाता' के टशन में रहे तो पुलिस मुँह की ही खाती रहेगी।

आजकल हुकूमत चमचमाती बिल्डिंग, महँगे कंप्यूटर और उससे भी महँगे प्रोग्राम पर पैसे लगा रही है। एक वर्जन में डाटा-एंट्री करते-करते दूसरा आ जाता है। वो तो पुलिस ही है कि झेल रही है। थानेदारों का आधा टाइम इसी से लड़ते-झगड़ते बीत रहा है।

प्रजातंत्र है। पुलिस कहीं स्वेच्छाचारी न बन जाए, सारे नजर गढ़ाए रहते हैं। पैसा तो चलो बजट के हिसाब से ही मिलेगा लेकिन जो मिल गए हैं उनको भी खर्चने में तरह-तरह की मंजूरी लेने में साल निकल जाता है। ऊपर से पुलिस एक ऐसा कार्यक्षेत्र है जिसमें सारे अपने को विशेषज्ञ समझते हैं। पूरे अधिकार से इसके काम में दखलअंदाजी करते हैं। गरीब हवलदार और सिपाही की सरेआम बेइज्जती कर उसे ज्ञान देते हैं कि तुमको लोगों से अदब से पेश आना चाहिए। बेचारा अपनी खीज, बाहर निकलते ही जो पहला कमजोर और निस्सहाय मिलता है, उसपर निकाल देता है।

मुझे ऐसी पुलिस चाहिए जिससे मैं आराम से बात कर सकूँ। जो मुझे यह विश्वास दे कि एक आजाद देश के नियम-पाबंद नागरिक के तौर पर मुझे उसके खौफ में जीने की जरूरत नहीं है। अगर मुझे कभी किसी मदद की दरकार हुई तो मैं थाने में अस्पताल की तरह बेधड़क जा सकता हूँ। इस विश्वास के साथ कि मेरी समस्या का हल निकालने की ईमानदार कोशिश तो होगी ही होगी।

आजादी के सत्तर साल बाद इतना तो बनता ही है।

24 | चौथेपन की मार

सामाजिक सुरक्षा की सदियों से चली आ रही व्यवस्था चरमरा गई है। माँ-बाप खुद के लिए संघर्ष करने लगे हैं।

मेरे पिता पिचानवे साल के हैं। कहना मुश्किल है कि यह खुशी की बात है या कुछ और।

ज्यादा बड़ी सोच को वो खतरनाक मानते थे। मुझे बैकफुट पर खेलना पसंद न था। अगर दो-चार छक्के नहीं मारे तो देखने वाले ने क्या देखा? हमारे बीच कोई सार्थक संवाद संभव न था। मेरी जिंदगी दो पटरी पर सरपट दौड़ रही थी। माँ को सही और पिता को गलत साबित करने की जिद ने मुझे हमेशा चलाए रखा।

माँ के गुजर जाने के बाद मुझे लगा कि पिता कहीं ये सदमा बर्दाश्त न कर पाएँ। साल-वाल में न कट लें। दस साल हो गए हैं। कोई खाने का परहेज नहीं। घर में टिके रहने को राजी नहीं। मुझे अभी भी बच्चा ही समझते हैं। मैं कौन-सा बड़ा होना चाहता हूँ? जिंदगी अच्छी कट रही है।

लंबी आयु तो ठीक है। लेकिन मुझे लगता है कि बड़े बाप का बेटा होना कोई विशेष मजे की बात नहीं है।

जब तक रहेगा उसके साये में जियो। कहानियाँ सुनो कि कहाँ, कैसे, कब, क्या तीर मारा। निर्दयी हुआ तो साथ में यह भी बताएगा कि आप कैसे पिछड़ रहे हो। खानदान को पीकदान बना रहे हो। आसपास के लोग नजर गड़ाए मिलेंगे कि बेटा अकबर है कि बहादुर शाह जफर। उसके चेले-चपाटे से भी डर लगा रहता है कि कहीं वे आपके और आपके मालदार बाप के बीच में पंगा न डाल दें। कहीं दिलफेंक हुआ तो घर की कलह भी भुगतो।

दुश्मन विरासत में मिलेंगे। आप मना नहीं कर सकते। लड़ना ही पड़ेगा। जिंदगी में बेवजह पंगा खड़ा हो जाता है। शास्त्रों में भी लिखा है कि पुत्र धर्म है कि पिता जहाँ खत्म करे, वो कम-से-कम वहाँ से शुरू करे।

कोई जबरदस्ती है?

जब मेरे बच्चे समझने लायक हुए तो मैंने कहा कि हर किसी की अपनी जीवन यात्रा है। उसी हिसाब से जीवन-वृत्ति मिली है। अपने रास्ते चलो। बस इतना ध्यान रहे कि याचक न बन जाना। जालिम दुनिया है। कोई कुछ देगा नहीं। बेइज्जती मुफ्त में करेगा।

मैंने यह भी कहा कि मुझसे कुछ सीखने की दरकार नहीं है। मैं गुजरे दिनों का मुसाफिर हूँ। इस तेजी-से बदलती दुनिया में कोई कारगर सलाह दे पाऊँ, लगता नहीं। खुद रास्ते बनाओ। खुद आगे बढ़ो। पहली बार बाप बना हूँ। मेरी कोई बात अच्छी न लग रही हो तो अभी ही बता देना। बाद में शिकवे-शिकायत से क्या फायदा?

मैंने उन्हें ये भी कह रखा है कि जब तुम बड़े हो जाओगे तो तुम्हें बहुत से नए लोग मिलेंगे। कोई जरूरी नहीं कि उनमें से हर कोई मुझे भी पसंद करे। ऐसे में मेरे लिए उनसे रार न करना। कभी-कभार यह सोचकर मिलने आ जाना कि बाप अच्छा आदमी था। अगर ऐसा न लगे तो अपने रास्ते आगे बढ़ जाने का तुम्हें हक है। बच्चे कहते हैं कि ऐसा नहीं होगा। मैं कहता हूँ कि अच्छी बात है। लेकिन हो भी जाए तो मन पर कोई बोझ न रखना।

संयुक्त परिवार ने देश को बड़ा चलाया। कमानेवाले कमाते थे। सब मिल-बाँटकर खाते थे। माँ-बाप सरकार की तरह सबसे साधन इकट्ठे करते

और जरूरत के हिसाब से बाँटते। लेकिन जैसा अकसर होता है, फैसलों में पक्षपात होता। मेहनत करने वाले फँस जाते। तिकड़मी ऐश करते।

शहरीकरण ने सब-कुछ बदल कर रख दिया है। गाँववाले गाँव में रह गए हैं। शहरवाले उनसे कटने लगे हैं। सामाजिक सुरक्षा की सदियों से चली आ रही व्यवस्था चरमरा गई है। माँ-बाप खुद के लिए संघर्ष करने लगे हैं। बाकी को कहाँ से सँभालेंगे? साधन के अभाव में और बीच में ही सब-कुछ डकार जाने वाले हुजूम की वजह से हुकूमत भी कुछ खास नहीं कर पा रही है। एक संक्रमण की स्थिति है। आजादी के साथ ये सब आएगा, लोगों को पता न था। बूढ़े माँ-बाप बाबाओं के शरणागत होते हैं। वो उनके बच्चों से उनकी पैरवी करता है। बताता है कि माँ-बाप की सेवा का बड़ा फल है। स्थिति दयनीय होती जा रही है।

वैसे 'बड़े' और 'दीर्घायु' बाप में बड़ा फर्क है।

अगर बाप लंबा खींच रहा हो तो उतनी बुरी बात नहीं है। आपको अंदाजा-सा लग जाता है कि आप कठजीव हैं। आसानी से न मरेंगे। फिर उसी हिसाब से भविष्य की योजना बना सकते हैं। ऐसे लोगों से जान-पहचान हो जाती है, जो इस काम में अभी और आगे आपकी सहायता कर सकते हैं। आपके बच्चे आपको देखकर ज्यादा और सुनकर कम सीखते हैं। आपको जैसा करते देखते हैं, बाद में वैसा ही करते हैं। संभव है कि जब आपको उनकी जरूरत हो तो आसपास मिलेंगे।

फिर, प्रयोग के लिए आपको एक आदमी मिल जाता है। देख-देखकर पता कर सकते हैं कि उनकी कौन-सी सोच उन्हें खुश रखती है। कौन-सी विचलित करती है। आपको समझ में आ जाता है कि आगे क्या करना ठीक रहेगा और क्या नहीं। फिर उनकी मृत्यु के भय के बारे में उनसे बात कर आप अपनी शंका भी दूर कर सकते हैं।

मेरे पिता मंदिर-वंदिर नहीं जाते थे। भगवान से ज्यादा सरोकार नहीं रखते थे। अब जाने लगे हैं। मुझे अभी भी शक है कि ये श्रद्धा से प्रेरित हैं। इसी बहाने तफरी मार आते हैं। अपने हमउम्रों की पूरी खबर रखते हैं। किसी के

मर जाने पर दुखी नहीं होते। उलटे खुश होते हैं कि देखो मैं अपने इलाके में सबसे बड़ा बचा हुआ हूँ। ये लो, एक और गया। गाँव-इलाके से कोई आ जाए तो उसके साथ काफी वक्त बिताते हैं। फिर कहते हैं कि इसका बाप तो बड़ा ही बदमाश था। घर में सहायकों पर पूरी धौंस जमाते हैं। मैं कभी पैर दबाने का स्वाँग करता हूँ तो चहक उठते हैं। अपने बड़े होने के विचार को बल मिलता देख प्रफुल्लित हो उठते हैं। अगर किसी से मिलवाएँ तो कहेंगे कि बच्चा है, खयाल रखिएगा। अस्पताल की तरफ दौड़ने को हमेशा तैयार। लौटकर आएँगे तो बीमारी की कम और नर्स-डॉक्टर की बातें ज्यादा करेंगे। बिस्तर के बगल में होम्योपैथिक, अंग्रेजी, देशी हर तरह की दवाइयाँ होती हैं। आशीर्वाद देने का इतना शौक कि सिर जकड़ लें तो छुड़ाना मुश्किल। बाकी का नकली रोना रोएँगे कि उनकी हालत ठीक नहीं है। धेला एक न देंगे।

कुल मिलाकर बुढ़ापे में जरूरी है कि आप अपने को सबसे होशियार और कामयाब गिनें और दूसरे को उसी अनुपात में बदमाश और बेवकूफ। एक अच्छे बेटे का कर्तव्य है कि उन्हें ऐसा अनुभव करने दे। इसमें लगता ही क्या है?

एक शाम को बोले कि मरने से डर लगता है। क्या करें? कुरेदने पर बोले कि सपने में यमराज आते हैं। मैंने कहा हाँको मत। आप कोई तानाशाह थोड़े हो जिसने हजारों मरवाएँ हैं और लेने यमराज को खुद आना पड़े? ज्यादा-से-ज्यादा एक यमदूत आएगा और उसको टरकाने की दवाई मेरे पास है।

आजकल की शादियाँ बड़ी खर्चीली होती हैं। बजट का अंदाजा कार्ड के साइज और चमक-दमक से लगाया जा सकता है। सारे को इकट्ठा कर ढोल बजा देते हैं। लो हो गई शादी। एक ऐसा ही कार्ड था। बड़ी सुंदर-सी थैली में बादाम-काजू थे। मैंने पिता से पूछा कि किस-किस से खुंदक खाते हो। बिना कारण पूछे और साँस लिए बीस के नाम गिनवा दिए। मैंने सबका नाम अलग-अलग पर्ची पर लिखा। उस थैली में डाल उन्हें पकड़ा दिया। पूछा, इसका क्या करें? मैंने कहा कि तकिए के नीचे रख लो। जैसे थानेदार सिपाही को गश्त के लिए बाहर निकालता है, वैसे ही यमराज यमदूत को रोज बोलता है कि कोई आत्मा-वात्मा पकड़ लाओ। झंझट से बचने के लिए वो

छूटते ही बूढ़े की तरफ लपक लेता है। जब आपके पास आए तो एक पर्ची पकड़ा देना कि मेरा जुगाड़ फिट है, इस बेचारे को कष्ट से मुक्ति दिलाओ। एक बार जाएगा तो चार-पाँच महीने इधर न फटकेगा। फिर आए तो दूसरी पर्ची थमा देना। इस तरह अस्सी महीने यानी लगभग सात साल का इंतजाम पक्का समझो।

सुनकर बड़े खुश हुए। बवाल तब खड़ा हुआ जब गाँव के एक बूढ़े ने फोन करके मुझसे पूछा कि तेरा बाप मुझे क्यों मरवा रहा है? दरअसल ये स्कीम लागू करते ही पिता ने सबसे मजे लेने शुरू कर दिये कि यमदूत को आज रात तुम्हारे नाम की पर्ची देने वाला हूँ!

मैंने मरने के बाद के संभावित जिंदगी के बारे में उनसे बड़ी बातें कीं। कहा कि इसके बारे में हमारा अंदाजा गलत है। धर्म के ठेकेदार नाहक डराते हैं कि मृत्यु उपरांत हम एक ठंडे और अँधेरे इलाके में अकेले फँस जाएँगे। हमने कहा कि ज्यादा तर्कसंगत है कि मरने के बाद हम अपने प्रियजनों के पास चले जाएँगे। हमारे कुनबे के थोड़े ही लोग पृथ्वी ग्रह पर हैं। ज्यादातर मर के उधर ही चले गए हैं और थोड़े इधर आने की तैयारी में हैं। आप खाम-खाह डर रहे हो। जाओगे तो लोग शिकायत करेंगे कि इतने दिन इधर क्यों लटके थे। मिलते-मिलाते सैकड़ों साल निकल जाएँगे। फिर जो इधर आने की तैयारी में हैं उनको कोचिंग भी तो देनी है!

इस तरह की चर्चाएँ होती रहती हैं। मन को बहकाना इतना आसान नहीं है। जब भी मिलते हैं तो बात मरने के डर से ही शुरू करते हैं। मैं कहने लगा हूँ कि मरना क्या आपकी जागीरदारी है? लोग पेट में, भरी जवानी में नहीं मर रहे? जवाब होता है-फिर भी!

एक लंबी आयु के माता-पिता के साथ रहना अपने आप में एक अद्‌भुत अनुभव है। आप उनका खयाल कम, अपने चौथेपन की तैयारी ज्यादा करते हैं।